Reconcile With
The Little Moods Of Adolescence

与青春期的小情绪和解

付俊杰 著　　斯塔熊 绘

化学工业出版社
·北京·

图书在版编目（CIP）数据

与青春期的小情绪和解 / 付俊杰著；斯塔熊绘.
北京：化学工业出版社，2025. 8. -- ISBN 978-7-122
-48283-9

Ⅰ. G444

中国国家版本馆 CIP 数据核字第 2025VH4092 号

责任编辑：龙　婧　　　　　　　　　责任校对：边　涛

出版发行：化学工业出版社
　　　　　（北京市东城区青年湖南街 13 号　邮政编码 100011)
印　　装：中煤（北京）印务有限公司
880mm×1230mm　1/32　印张 7　字数 150 千字
2025 年 8 月北京第 1 版第 1 次印刷

购书咨询：010-64518888　　　　　售后服务：010-64518899
网　　址：http://www.cip.com.cn
凡购买本书，如有缺损质量问题，本社销售中心负责调换。

定　　价：58.00 元　　　　　　　　版权所有　违者必究

请你先来猜一猜，下面的文字是在描述哪个人的状态：

● "新鲜"的网络用语，时常挂在嘴边；

● 对事物的好恶就像彩灯一样多变；

● 感觉父母就像生活在公元前；

● 出门前恨不得要试穿三套衣服；

● 如果奥斯卡有个"翻白眼"奖，这个人一定当仁不让；

● 最喜欢的"运动"就是顶嘴；

● 耳机好像可以永远粘在耳朵上一样；

●现在是星期天下午一点半，而"随便"这个词已经说了十几遍。

你猜到这描述的是谁了吗？

如果你会心一笑，那么恭喜你！你不仅对自己有清晰的认知，而且，你已经进入"大蜕变期"。从此以后，你的生活再也不会和从前一样了，想必你已经感觉到了。

在这成长的必经之路上，学习的压力、成长的迷茫、青春的悸动、人际关系的处理……是不是时常让你感到无力与困扰？别担心，我们会成为你最坚实的后盾，用温暖而有力的笔触，陪伴你走过这段既充满挑战又充满机遇的旅程。

相信在未来的日子里，你一定能成为自己想要成为的那个人，绽放出属于自己独特而又璀璨的光芒！

目录

高效学习篇

交往沟通篇

我们不是"不够成熟的小孩"，而是一个正在用自己方式认识世界的年轻勇士。

按照自己的节奏慢慢来，我们终会找到属于自己的光。

高效学习篇

在学习之路上，我们曾遭遇过"分心小恶魔"的骚扰，在考试前夕被"紧张小漩涡"卷入其中，还时常受到"马虎小精灵"的戏弄，甚至会有"厌学小情绪"悄悄冒头。别担心，这些不过是成长大道上的小石子。勇敢地越过这些小阻碍，我们就会迎来焕然一新的自己。

我不想上学

——消除厌学情绪

我一看到书就头疼！

每次拿起课本，我都会哈欠连天。我觉得自己就像个木偶，每天都过着上课、下课、上学、放学无限循环的日子。

我们学的这些知识，在生活中真的用得上吗？我们为什么要花费时间和精力去学习呢？

我觉得干什么都比上学有意义！

作为学生，我们每天都要面对繁重的学习任务，真是令人厌烦。其实，我们生来可是非常喜欢学习的。为什么这么说呢？

回想一下我们小时候吧——

我们曾经在公园里捡起一片树叶仔细观察，还曾蹲在地上，专注地盯着蚂蚁搬家。我们学习骑自行车时，就算不小心摔倒，也会快速爬起来，来不及拍拍身上的土，就又把车骑得飞快。

发现了吗？我们不仅生来喜欢学习，而且擅长学习呢！可是后来，我们怎么就开始厌烦学习了呢？

原因是多方面的：可能是学习压力过大，可能是对课程内容不感兴趣，也可能是人际关系问题……

别担心，我们既然发现了问题，就能有针对性地解决它。

厌学

缓解学习压力

我们可以适当参加课外活动，比如体育比赛、文艺演出、志愿服务等。或者经常与同学、老师、父母交流，分享学习心得。他们的鼓励和建议会给我们带来启发。

改变学习方式

确实，并不是所有课程都会让我们感兴趣，但是，完成它们是学业的一部分。面对令自己厌烦的课程，我们必须改变一下学习方式。

我们可以加入学习小组，与同学一起学习，互相激励。或者进行实践操作、使用彩色笔记、画出思维导图等，把学习变得更好玩。

此外，多看一些网络课程、视频讲座等学习资源，也能激发我们的学习兴趣。

处理人际关系

如果我们因为与老师关系不好，而产生了厌学情绪，我们先要问问自己：我是不是有做得不对的地方？我能不能做出改变？我们还可以站在老师的角度，思考老师这样做的原因。

接下来，我们就要主动与老师坦诚交流，表达出自己的感受，找出问题所在。

如果我们是因为遭遇校园欺凌而不想去上学，就要拿出勇气，明确表达出我们的态度。如果对方还不收敛，我们就要记录遭受欺凌的时间、地点和细节，并保存相关证据，然后向父母、老师寻求帮助。

如果我们的心理受到了严重影响，还要寻求专业的心理咨询。

记住，逃避不是办法，勇敢地站出来解决问题才是最好的方式。

学习的目的，不仅仅是为了回报父母的期望或应付考试，而是要拓宽自己的眼界，增强自己的本领，最终实现自己的梦想。

学习的真正受益者是我们自己。

现在，让我们来问问自己：

一个月后，我想成为什么样的人？

我的学习能到什么样的水平？

那时的我，有了怎样的收获？

每个人的答案或许各不相同，但有一点是确定的：我们都想成为更好的自己。

想要实现我们的目标，就要珍惜每个学习的机会。如果选择了放弃，就是放弃了未来那个更睿智、更优秀的自己，快行动起来吧！

总是记不住学过的知识

——提升记忆能力

我的脑子像是"生锈"了……

　　这个英语单词，我已经背了很多次，可我就是记不住。昨晚，妈妈帮我听写的时候，我又写错了。妈妈就像火山爆发一样冲我大喊："你怎么这么笨啊！这么简单的单词你都记不住，你是不是没有脑子啊？"

　　听到妈妈这么说，我的心里既难过又着急。唉，我的记忆力怎么这么差呢？

其实，我们都曾有过这种经历，糟糕的记忆力真是令我们感到崩溃！

可是，记忆是学习中非常重要的一环，我们既不能轻视它，也不能反感它。我们只能和它"握手言和"。

在 19 世纪末，德国心理学家艾宾浩斯经过研究发现，人类大脑对新事物的遗忘是有规律的，并绘制出了艾宾浩斯遗忘曲线。

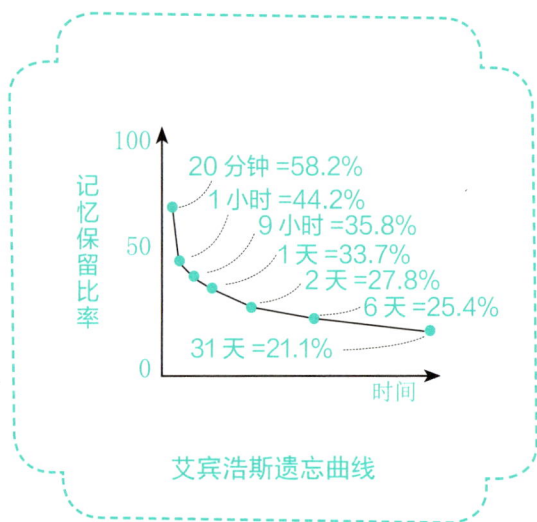

艾宾浩斯遗忘曲线

从图中，我们可以看到它的纵坐标是记忆保留比率，横坐标是时间轴，被我们记忆的某个知识点，随着时间推移会逐渐被遗忘。

在一天之内遗忘的速度是最快的，仅仅 20 分钟，就只剩 58% 左右；一个小时之后，这个知识点在脑海中的记忆只剩下大约 44%；一天之后，只剩下大约 33%；一个月之后，仅剩大约 21%。所以，如果在记住某个知识点后，不及时复习的话，一个月后就几乎忘光了。

啊，这遗忘速度也太快了吧！

艾宾浩斯还发现，如果在遗忘的关键时间点进行复习，记忆会变得更加牢固。通过多次复习，信息会从短期记忆转变为长期记忆，遗忘的速度会大大降低。

那么，有哪些方法可以帮助我们提高记忆力呢？

谐音记忆法

利用汉语中同音或谐音的字词，将抽象、枯燥的记忆内容变得生动有趣。

比如，当我们需要记忆圆周率 π 的前几位数字 3.14159 时，可以将其谐音为"山巅一寺一壶酒"。这样，我们就能轻松记住这组数字。

交替记忆法

如果我们不停地记忆一门学科的知识，效果往往不太好。因为重复性的内容，对脑神经的刺激过于单调。时间一长，这部分大脑区域就会打不起精神。这时，我们就会感到头昏脑涨，注意力不集中。

我们可以把不同学科的知识交错着来记，安排好时间，轮流进行。这样就可以在同样的时间内，用同样的精力取得更显著的记忆效果。

形象联想法

我们可以将原本枯燥无味的学习内容，通过联想，与生动具体的形象相结合。

例如，我们可以将各个省级行政区的地图，联想成与它的形态相似的实物。看一看陕西省的地图，它像不像一个跪坐的兵马俑？

把下面的拼图拼凑起来，你发现了什么？原来是一个完美的大脑哦！相信自己，你完全有能力把你完美的大脑发挥到极致！

思维导图法

把要记忆的知识画成思维导图，将图形与文字巧妙融合，这样一来，知识点就不再散乱，而是变成了知识体系，学习起来会更加便捷。

比较记忆法

每当我们学习到一个新的知识点时，不妨试着回想一下，它是否与我们已经学过的某个知识点有相似之处？如果有，我们就可以将新旧知识串联起来。

比如，在学习第二次鸦片战争的知识时，就可以和第一次鸦片战争发生的时间、原因、结果等知识进行对比，来加深记忆。

除了掌握高效的记忆方法，睡眠的作用也不可小觑。睡眠时，我们的大脑并没有休息，而是忙着处理和整合白天获取的信息，来巩固我们的记忆。所以，我们在好好学习的同时，别忘了好好休息。

其实我也不想偏科

——树立端正的学习态度

　　我的语文成绩非常好，每次考试都名列前茅。可是我的数学成绩却非常差，从小到大我最害怕的就是数学。

　　我也很讨厌我们的数学老师，上课时他总是板着脸。我在课堂上回答问题时，如果出现错误，他就会严厉地看着我。我真的好烦呀……

在某些学科如鱼得水，却在其他学科苦苦挣扎，这种感觉真是让人沮丧。

我们好像陷入了一个怪圈，越是学得不好，就越是不想学。越不想学，就越是学不好。

慢慢地，我们越来越不喜欢那些学得不好的学科，甚至想放弃它们，觉得把时间花在其他学得好的学科上更划算。但是又不甘心，真是让人左右为难。

我们为什么学不好那些学科呢？也许是因为不喜欢某位老师而连带排斥该学科；也许是固有的偏见，认为某些学科不重要；也许是学习方法不当，即使努力学习，也没有收获……

无论背后的原因是什么，我们不得不承认，每个学科都有它存在的意义。我们只有打败这些学习路上的"拦路虎"，才能继续向前。

我们要不要试一试呢？

当然要！

我们学习的每一门学科，犹如构筑木桶的每一块木板。现在，快拿出行动，全力弥补那块制约我们的"短板"，让知识的木桶滴水不漏！

我们都知道，木桶的容量受限于它最短的木板，这就是著名的木桶原理。

同样的道理，一个人整体学习能力的强弱，往往由最薄弱的学科所决定。我们只有找到适当的方法，才能有效地解决偏科问题。

化解对老师的偏见

有时候，我们会忍不住抱怨："这个老师完全不符合我的审美，我一看到他就心情不好，更别提听他讲课了。"

在我们这个年纪，容易过分放大老师的不足，而忽略了学科本身的价值。

要知道，人无完人，每个人都存在不足。我们可以找找老师的优点。比如：老师的教学水平是不是很高？老师的表达能力是不是很强？

上课时，如果我们受到了老师的批评，对老师产生了排斥心理，这时候，我们要把注意力集中在自己的学习目标上。如果我们实在无法释怀，可以直接向老师诉说自己的感受。

如果我们害怕当面与老师沟通，可以采取发送信息或者写留言条的方式。这样一来，误会解开了，还得到了老师一对一的帮助，真是一举两得。

意识到每一门学科都很重要

各学科的知识体系、思考方法和能力培养都是相互联系的，是一个环环相扣的整体。如果我们在某一个学科上遭遇困境，很可能会影响其他学科的学习。

比如，语文基础过于薄弱，缺乏扎实的阅读理解能力，那么在面对数学题目时，可能会因为理解力受限而不能准确把握题意。

找到适合自己的学习方法

我们也曾积极努力学习，并且投入大量时间去记忆和练习，想要弥补薄弱学科的不足。可是，即使我们付出很多，却依然没有达到理想的效果。这大概就是因为我们没有找到适合自己的学习方法。

我们先来判断一下，自己属于哪种学习风格。

如果我们通过图表、图像和颜色来学习效果最佳，那我们就是视觉型学习者；

如果我们通过听讲座、讨论和音频材料来学习效果更好，那我们就是听觉型学习者；

如果我们通过动手实践和身体活动来学习效果最佳，那我们就是动觉型学习者；

如果我们通过阅读和写作来学习效果最好，那我们就是读写型学习者。

现在，根据我们的学习风格，倒推相应的学习方法，是不是很简单呢？

需要注意的是，学习是一个持续的过程，随着成长和环境的变化，我们的学习方法也需要不断调整。

提高薄弱学科的成绩并不是一件容易的事，在这个过程中遇到挑战时，我们要调整自己的心态，不要过于焦虑或自责，因为每个人的学习路径都是独一无二的。

上课时总是开小差

——培养专注力

上课时，我很难将注意力集中在老师的讲解上，总是忍不住做些小动作，或是与同桌窃窃私语。

尽管父母和老师多次提醒我要专心听讲，但我的心思总是飘忽不定。

这种分心的状态，让我错过了许多重要的知识点……

学习各科知识就像站在圆球上，每一次微妙的平衡调整都是对专注力的极致考验。这不仅要求身体保持高度警觉，更要求心灵沉浸在专注无我的境界中。

不知道为什么，上课时，窗外的鸟叫声格外动听，文具盒里的那块橡皮也变得格外有吸引力，与同桌想说的话，怎么都憋不住……我们怎么就控制不住自己呢？

在动物界，有一位夜间猎手。它能够长时间保持静止，一动不动地观察周围环境，等待猎物的出现。

一旦锁定目标，它就会迅速进入捕猎状态，全身肌肉紧绷，眼睛紧紧盯着猎物，仿佛整个世界都静止了。

在捕猎过程中，它会利用无声的飞行技巧悄悄接近猎物，直到最后一刻，发出致命一击。

没错，它就是猫头鹰。这种极致的专注力，使它在捕猎时几乎无懈可击。

连动物都可以控制自己的专注力，那我们呢？

当然也能！

专注力，其实就是我们获取信息、掌握知识与技能的"聚光灯"。只有当这束光紧紧照在一个事物上时，我们才能看得更清楚、想得更深入、记得更牢固。

现在，先让我们来轻松一下，一起做个小游戏吧！

下面会出现十个词语，请仔细看一遍。

手机、人行道、大雁、海豚、蜜蜂、皮鞋、蝴蝶、彩虹、北极熊、汉堡。

好了，请快速回答：蝴蝶的前面是哪个词语？

如果没回答对，也没关系。通过持续的学习与自我训练，就可以逐步完善我们的专注力。

我们在学习时，需要投入大量的时间和精力，这不同于刷短视频，或者玩电子游戏，能迅速给我们带来愉悦。一旦我们觉得学习单调又乏味，思绪就会不由自主地飞走了。

快把飞走的思绪拽回来！

下面的十二字锦囊一定会对我们有所帮助。

排除干扰

我们一旦察觉到自己的思绪不经意间飘离课堂，就要立即调整心态。

如果受到周围的噪声或其他因素的侵扰，我们要主动屏蔽，不看、不听、不想，在心里默念："集中精神，好好听讲……"

紧跟老师

如果我们在课堂上只是被动接受老师的讲授，而不是主动思考、理解，老师的讲解就会变成催眠曲，令我们感到单调乏味、昏昏欲睡。

我们要养成预习的好习惯，提前了解即将学习的内容，在书上把重点内容标记出来，然后为每节课设定一个具体的学习目标，例如理解某个关键概念或解决一个特定问题。

这样，我们在听讲的同时，就能积极动脑，紧跟老师讲解的要点，主动与老师的思维节奏保持同步，对老师提出的每一个问题都进行深入思考。

这种学习方式不仅可以激发我们的大脑活力，还能将注意力始终锁定在老师的教学内容上。

巧妙分配

在课堂上，我们除了倾听、观察与思考外，做好笔记同样至关重要。我们需要巧妙地分配注意力，避免顾此失彼。

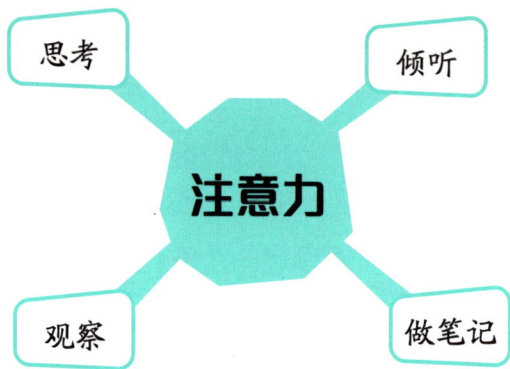

思考
倾听

注意力

观察
做笔记

我们要在专心听讲的同时积极思考，遇到关键内容或老师补充的拓展知识时，要迅速记录下来，以便课后复习。

所有的超级英雄都需要时间和努力来锻炼能力，专注力也需要我们持之以恒地培养。

相信自己，我们一定能够战胜这个挑战，变得更加自律和专注。

学习时总是死脑筋
——用创新打败思维固化

晚上，爸爸在辅导我写作业的时候，又发脾气了："这两种题型明明一模一样，只是简单地变了几个数字，你怎么就解不出来呢？这道题很难吗？"

唉，有时候我也觉得自己是个"死脑筋"。我想让自己的脑子变得机灵一点，该怎么办呢？

同类型的题反复做错，错题也整理了好多本，却依旧不得要领……这确实会让人感到非常挫败。我们就像是被困在一口枯井里，不知道出路到底在哪里。

别着急，我们可以一步步走出来。

父母在责备我们时，或许没有意识到，我们的"死脑筋"跟他们的行为密不可分。

我们在幼年时，把模仿发挥到淋漓尽致。父母夹菜，我们也夹菜；父母喝汤，我们也喝汤；父母说"真香"，我们也跟着喊"真香"。

随着我们慢慢长大，在探索和学习新知识时，我们也总是模仿父母的言谈举止和思考方式。当父母缺乏独立思考，习惯遵循社会准则或按个人经验做事时，我们的思维也难免会受到影响。

面对挑战时，我们会习惯寻找现成的答案或方法，而不是主动思考、探索和创新。

父母在教育我们的时候，又不断为我们设定标准与规则，比如在解答数学问题时，他们要求遵循教科书的解题步骤，不容许出现丝毫偏差。这样的教育方式会让我们的思维受到束缚，缺乏尝试的勇气。

固化的思维犹如一口幽深的枯井，我们往往不自觉地深陷其中。这时，可以利用冥想来清空杂念，在放松的状态下产生新的灵感。

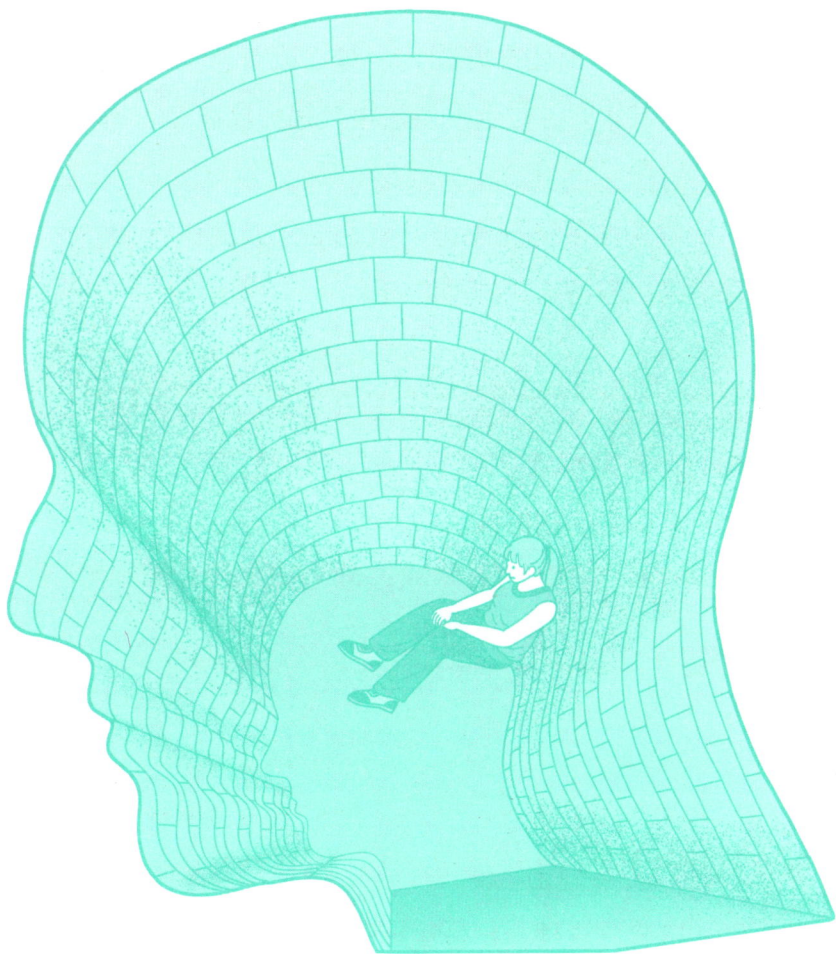

"如果改变了固有思维，得到不理想的成绩怎么办呢？"这是我们最担忧的问题。所以，我们索性走一条熟悉的老路，这样就不用去面对那些未知的变数，也能减少犯错的风险。

　　可是，在当今及未来的社会中，创新能力是人才不可或缺的品质。那些思维固化、难以吸收新知识，甚至抗拒新知识的人，在社会的洪流中，是极易被淘汰的。

　　对于学习中的固化思维，我们必须及时进行调整，通过训练来培养多元化的思维方式。

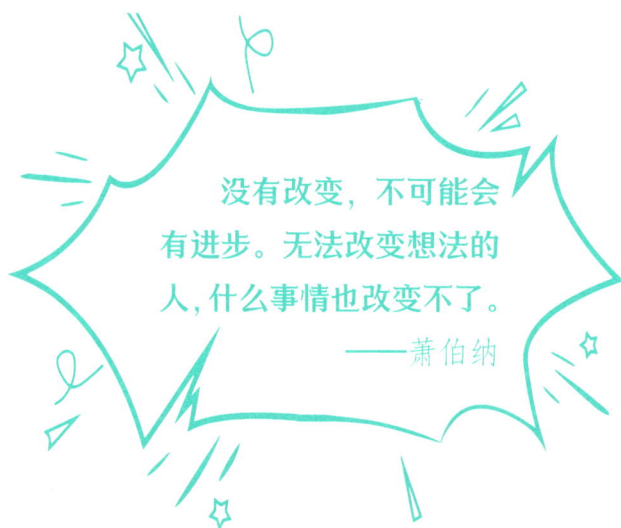

没有改变，不可能会有进步。无法改变想法的人，什么事情也改变不了。

——萧伯纳

放飞想象力

如果云朵是天空的棉花糖，那我一定要发明一把超长的勺子，挖一口尝尝；

如果星星是夜空的萤火虫，那我一定要借一只来当床头灯，睡前听它讲一讲森林里的秘密；

如果时间是一条河，那我一定要学会冲浪，踩着浪花去未来看看……

我们的脑海中，经常出现这些天马行空的奇思妙想。这是一件多么值得骄傲的事啊！

保持一颗开放、好奇的心，让我们的想象力自由翱翔吧，这是对思维方式最珍贵的呵护。

我们可以随身携带笔记本或使用数字工具记录下灵光一闪的想法，无论是梦中的奇妙场景，还是日常琐事的联想，都可能成为创新的种子。

多尝尝不同的"知识美食"

学习就像吃饭，如果天天只吃课本这一道主食，脑子迟早会"营养不良"，我们还得来点"课外阅读"这种配菜，才能让思维这顿饭吃得有滋有味。

读科幻作品，仿佛吃了一颗怪味豆，新奇刺激；读历史名著，就像品了一杯清茶，回味无穷……

我们要广泛涉猎各类书籍，通过阅读来扩充自己的知识储备，拓宽视野。

勤动脑，多思考

乐于并擅长思考的人，遇到挫折就像解锁新关卡，越战越勇。相反，那些学习模式僵化的人往往懒得动脑，一旦遭遇挑战就陷入慌乱。所以，我们要勤动脑，不断提问"为什么"和"如果……会怎样"。

我们不要害怕提问，尤其是那些看似不可能或有挑战性的问题，因为问题本身就是创新的起点。通过不断提问，可以引导我们深入思考，寻找新的解决方案。

跨界交流

跨界交流能够拓宽我们的思维边界。我们要多与不同背景、不同兴趣的人进行交流，他们的视角和专长可能会给我们带来意想不到的启发，激发出我们更多的创新火花。

反思和总结

每次创新尝试后，我们都要进行反思和总结，分析成功或失败的原因，提炼经验教训。这不仅有助于提升我们的创新能力，也能为未来的创新提供参考。

我们要牢记：学习是个开放式游戏，只有不断地用创新升级我们的思维装备，才能连续打怪升级，赢得最终的胜利！

我的时间总是不够用

——优化时间分配与利用

我经常感到时间不够用，有时候，我甚至要到半夜才能完成作业。

更可气的是，时间还特别"偏心"。写作业时，它慢得像蜗牛爬；打游戏时，它又快得像火箭升空。

就这样，我每天都被折磨得手忙脚乱。

我的时间去哪儿了呢？

这个问题，我们在心里已经问过自己无数次了。让我们从自己的表现中来找一找答案吧！

早上的我们意气风发，暗自下定决心："今天一定要好好学习。"可放学回到家，一拿起手机，就变成了"明天再努力吧"。等我们突然回过神来才发现，今天的作业还没有完成，结果又熬到了半夜……

我们常常会在不经意间，将宝贵的时间用在与学习无关的事情上，比如无休止地刷社交媒体、沉迷于虚拟的游戏世界，或是漫无目的地浏览网页。

这些活动虽然能带来短暂的欢愉，却如同黑洞一般吞噬着我们的时间和精力。

缺乏自律和时间管理能力，就会不知道时间都去哪儿了。

我们应该怎样克服呢？秘密武器就是优化时间的分配与利用。

时间是最公平的裁判，它不会为任何人停留，但我们可以选择如何精彩地填满它的每一秒。

罗列清单，制订计划

我们的首要任务是明确时间的总量和必须完成的任务，接着估算每项任务所需的时间，最后根据我们的实际情况，合理制订计划。

我们在计划中，一定要写出具体开始的时间点，并定好闹钟提醒自己，否则我们很可能一拖再拖。

重要的事情优先做

依据任务的紧迫性与重要性，我们可以将日常待办事项划分为四个象限进行规划。

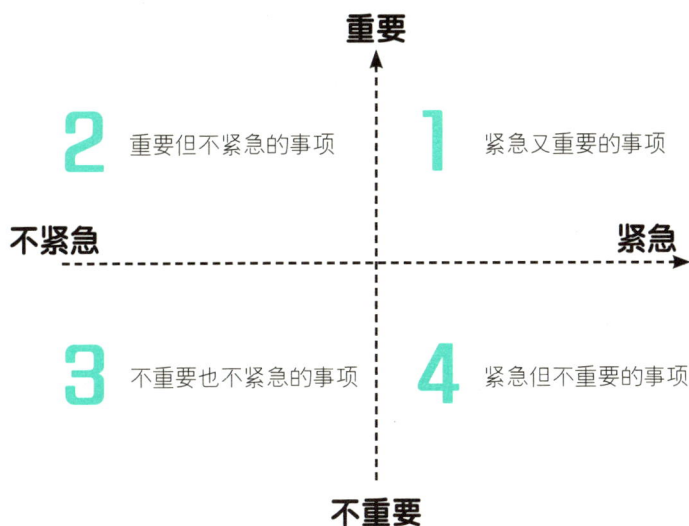

重要

2 重要但不紧急的事项　　　**1** 紧急又重要的事项

不紧急　　　　　　　　　　　　　　　　**紧急**

3 不重要也不紧急的事项　　**4** 紧急但不重要的事项

不重要

遗憾的是，许多人往往在紧急但不重要的第4象限上耗费了大量时间，因为那里充满了即时的娱乐与消遣，如看球赛或是玩游戏。

第3象限也能轻易捕获我们的注意力，比如翻阅休闲杂志、观看动画片、闲聊等。

我们不难发现，时间管理的精髓在于优先关注第1、2象限的任务，比如，完成每天的作业、坚持阅读等，需要我们每天安排时间与精力专注地完成。

分割任务，灵活安排

当我们遇到艰巨的任务，感觉无从下手时，我们可以先转变思维，从"我不想做"，变成"我先从简单的开始做"。这样，我们就能从拖延中跳出来，切换成立即行动的状态。

我们可以将它分割为多个小任务，并据此规划我们的时间。

这种做法将任务的步骤清晰化，可以减轻我们的心理负担，还能灵活地利用那些零散的空余时间。

比如，背诵诗词或英语单词时，我们可以将任务分割为若干段，然后充分利用琐碎时间进行学习，比如课间休息、餐前餐后、等待他人或散步的时间。

每次只专注于一小部分，不知不觉中，我们就完成了整个任务。

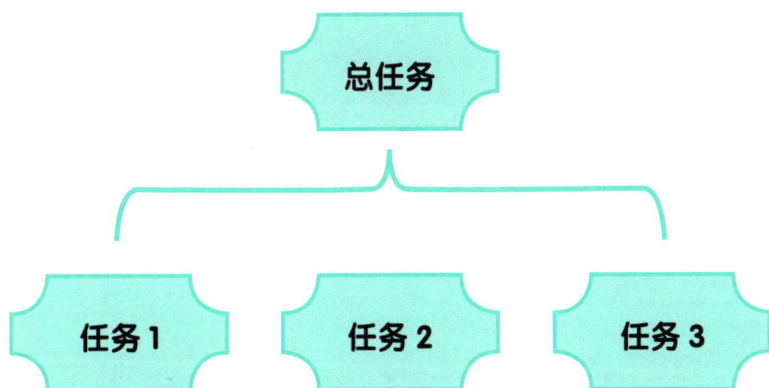

```
        ┌──────────────┐
        │    总任务     │
        └──────────────┘
               │
     ┌─────────┼─────────┐
┌────────┐ ┌────────┐ ┌────────┐
│ 任务 1 │ │ 任务 2 │ │ 任务 3 │
└────────┘ └────────┘ └────────┘
```

让我们立刻行动起来吧，完成这个微小的开始之后，记得给自己一个积极的反馈，比如在笔记本上画一个大大的完成记号，奖励自己一颗糖，或者发个信息和好友分享。然后，我们再动力十足地投入下一个新的开始。

努力却没有理想收获
——探索并调整学习方法

我在课堂上全神贯注听讲，课后让妈妈给我买了很多同步练习题和模拟卷，每天熬夜苦练。尽管我付出了这样的努力，考试的时候还是会发现有新的题不会做，考试成绩依然不理想。

我明明认真学习了，为什么还是学不好？难道是我太笨了，不适合学习吗？

首先，让我们对努力学习的自己说一声：辛苦啦！

理想和现实之间出现差距时，人人都会失望，这是每个人都有的感受。

这时，根本不需要老师和家长批评，我们自己就是那个最失望的人呀！自责、难过、委屈……这些情绪像暴风雨一样，向我们袭来。

我们千万不要陷入精神内耗，别把"没有理想收获"和"我失败了"画上等号。

我们要想哭就哭，想说就说，像清理手机内存一样，把这种自怨自艾的情绪清一清，慢慢走出被情绪裹挟的状态，找回那个平静的自己。

为什么我们努力了这么久，却没有收获呢？

我们可能过分沉浸在自我的世界中，不愿与老师、同学交流。我们担心自己的学习方法受到质疑或嘲笑，更怕他人通过交流掌握了自己的方法后超越自己。

于是我们选择了闭门造车，无论是疑惑还是领悟都深藏不露，有时甚至对自己的理解是否正确都缺乏判断。

有时候，我们在"完成作业""抄写错题"上花了大把的时间，但忽视了自己是否真正理解了所学的知识，是否懂得了如何运用这些知识。

课上记笔记时，我们会将老师的话一字不差地记下来，不分轻重，不抓要点，一节课下来手都酸了，但大脑却没记住老师讲了什么。

成功往往属于那些为了目标真正投入心力的人，面对这种努力与收获不成正比的瓶颈，我们应当调整自己的学习方法。

竖起耳朵，睁大眼睛，张开嘴巴

"竖起耳朵"聆听老师讲解，这是捕获知识精髓的关键步骤。

"睁大眼睛"细致阅读课本内容，见证实验过程，能让抽象的理论知识变得更加鲜活。

"张开嘴巴"提问、积极参与讨论更是不可或缺的一环。因为学习是一个不断试错和修正的过程，没有外界的反馈，我们很难发现自己的错误和盲点。

学习方法多种多样，每一种方法都有其独特的优势和适用场景，关键在于找到最适合自己的学习方法。我们要结合兴趣、学习目标和资源条件，灵活运用多种手段，来达到最佳的学习效果。

学会记笔记

我们可以采用康奈尔笔记法，把笔记本划分成三个区域。

左侧四分之一的区域是"线索栏"，课后或阅读后，在线索栏提炼出问题、关键词，它们可以帮助我们快速回忆笔记内容。

右侧四分之三的区域是"笔记栏"，用于详细记录课堂或阅读内容。记录时要注意使用简洁的语言，抓住重点，避免逐字逐句抄写。可以用符号、缩写或图表来提高效率。

最下方的五分之一区域是"总结栏"，用于总结这一页笔记的重难点内容和疑问、反思。这样记笔记简明扼要，还便于复习。

需要注意的是，在上课的时候，集中注意力听老师讲课是最重要的，千万不要因为忙于记笔记，而导致跟不上老师讲课的节奏。

第___课 时间 _____

1 线索栏

提炼问题和关键词.

课后写

☐ _____
☐ _____
☐ _____
☐ _____
☐ _____
☐ _____
☐ _____

2 笔记栏

课中写

详细记录课堂或阅读内容.

☐ _____
☐ _____
☐ _____
☐ _____
☐ _____
☐ _____
☐ _____
☐ _____

⊗ 不要原封不动摘抄.

⊗ 不要一字不漏记录.

3 总结栏

一天内写

总结重难点、疑问、反思.

☐ _____
☐ _____

寻找学习伙伴

除了老师、家长等"权威""长辈"角色外，学习伙伴也十分重要。

我们可以和伙伴一起分享学习方法，一起商量解决难题的办法，帮助彼此更快地掌握难点。还可以互相诉说各自的烦恼，互相督促和鼓励，共同面对各科学习中的挑战。

学会运用

"学而不思则罔，思而不学则殆"，真正的努力是在掌握学习方法的同时，灵活运用所学习的内容来解决问题。比如，学完数学统计方法后，尝试分析同学们的兴趣爱好的分布规律；掌握英语语法后，主动用新句型写一篇小短文；制作时间轴来记忆历史事件；仿写名家散文段落；等等。

当学习思路畅通后，每门学科我们都可以得心应手，随之而来的，还有巨大的成就感。

相信自己，我们可以做到！

要考试了，好焦虑

——请保持冷静与放松

　　期末考试的前一天晚上，我躺在床上，望着天花板，想象着我考了个好成绩，爸爸妈妈在表扬我。

　　念头一转，又想到我没考好，爸爸妈妈在批评我。

　　我在床上像摊煎饼似的往左翻一下、往右翻一下，胃里也像坠了东西一样难受……

这其实是学习焦虑的一种典型表现，许多人都有过类似的经历。

我们心里清楚考试前应该早点休息，这样，在考试时才能有充沛的精力，但就是睡不着！

我们还尝试了各种帮助入睡的方法，腹式呼吸、冥想、保持科学的睡姿等，但这些招数全都无效。

每个人在某些"重要时刻"都会感到紧张，所以欣然接受微小的紧张吧。因为它并不是来阻碍我们的，而是来帮助我们的。

紧张还有这个作用吗？

当然。

紧张会加速心跳，帮助我们集中注意力，调动更多的血液到四肢，所有这些身体变化都在为接下来的行动做准备。

我们为什么会紧张成这样？

因为我们过于看重考试的重要性，害怕考不好会影响自己在同学心中的威信与形象、老师对自己的看法等。或者我们的心理较为敏感和脆弱，承受不了风险刺激。

考前失眠意味着我们对即将到来的挑战的重视与期待。此时，我们可以尝试一些助眠的方法，如深呼吸或是听一些轻柔的音乐，让心灵回归宁静。

有没有办法能克服考试焦虑呢？肯定是有的。

增强实力

如果我们平时学习不够努力，却希望在考试中侥幸获得高分，这是不切实际的。

相反，如果我们对所学知识掌握得比较牢固，在面对考试时自然会更加自信。

所以，克服考试焦虑的最好办法就是平时加强学习，准备充分，避免临时抱佛脚。

保持正确的心态

考试的目的在于评估近期的学习效果，在漫长的学习道路上，考试不过是众多检验手段之一。

无论考试的结果如何，它都不能定义我们的未来，更不能决定我们的人生。

我们不能因为一次考试的优异成绩而沾沾自喜，或者因为一时的挫败而否定自己。

克服"怯场"

考试中出现"怯场"，往往因为缺乏自信，或是缺乏应试经验。

我们可以深呼吸，像闻一朵花一样吸气，像吹蒲公英一样呼气。

或者用积极的话语鼓励自己，对自己说"我已经做了最好的准备""我能行"等。当我们反复这样说的时候，就会渐渐放松下来。

我们不仅要从心理上克服应试障碍，还要提高应试技能。

比如：考前仔细准备所需物品；学习如何在考试中保持冷静并有效阅读、分析题目；掌握遭遇难题时的应对策略；等等。

最后，让我们一起思考两个问题。

第一个问题："假如我们这次考试没考好，最坏的结果是什么？"

好像天也不会塌下来，最坏的结果也不是多可怕。

第二个问题："一次睡眠不足会有多大的影响？"

好像偶尔睡得晚一点，甚至熬个通宵，我们脑海里的知识也不会全跑掉。

所以，下次因为考试紧张而睡不着的时候，我们就来回忆这篇内容吧。

当然，希望我们永远不会有下次。

总是因为马虎而犯错
——保持严谨细致的学习态度

在学习中，我总是因为马虎而犯错。

有时，我明明记得某个英语单词，老师在课上听写时，我却一时疏忽，漏写了一个字母。

有时做数学题，我要么多写个0，要么少写了解题步骤。

哎呀，我可真是个"马大哈"。

关于"马虎"这个词的由来，有一个小故事。

古时候，京城有一个画家。有一天，他正在画室里画一幅猛虎下山图，刚把虎头画出来，就有人登门重金购画，而且点名要一幅骏马图。画家懒得重新画，随手就在虎头下面画上了马的身子。

这人看了，就问画家："你画的这是马还是虎啊？"

画家说："马……虎，马马虎虎吧。你看，既有虎的威猛，又有马的矫健，难得的杰作啊！"

对这样的作品，求画的人并不满意。

画家将此画挂在了家里。他的长子看见这幅画后，问他画的是什么。画家说："这是老虎。"第二天，长子出去打猎，看见别人的马，以为是老虎，三下五除二就射死了，害得画家赔了人家不少银子。

过了几天，次子看到图后，也跑去问他画的是什么。画家可不敢再说是老虎了，就说："这是马。"第二天，次子到郊外游玩，碰到一只老虎，以为是马，就揪着老虎脖子上的毛跨到它身上去，结果被咬死了。

画家悲伤不已，回家扯下"马虎"图，一把火烧成了灰烬，还写了一首打油诗自责："马虎图，马虎图，似马又似虎，长子依图射死马，次子依图喂了虎。草堂烧毁马虎图，奉劝诸君莫学吾。"

虽然这是个小故事，但我们不难看出马虎的危害。

马虎就像隐形的绊脚石，如果我们稍不留意，就会被绊倒在地。

心理学研究表明，马虎的现象在中等学习水平，特别是那些平时勤奋却在关键时刻掉链子的学生中尤为常见。考试结束后，他们往往自信满满，期待佳绩，但成绩公布时却大跌眼镜。

究其根源，马虎并不是简单的粗心，这背后有复杂的心理因素在作怪。

性格造成马虎

如果我们性格急躁，急于求成，容易过早地下结论，解题时就会习惯性地跳过一些看似不重要的环节，做完题后又疏于检查，因此导致各种各样的错误。

文字是风，思想是舵，我们的心灵化作勇敢的水手，驾驭着这艘由书籍构筑的智慧之舟，向着真理与梦想的彼岸勇敢前行。

心理定势造成马虎

定势就像模板一样，每当遇到类似的情况时，我们就会自然而然地按照这种模式去思考。哪怕条件已经发生了变化，我们依然死守着旧有的模板。

不良情绪造成马虎

焦虑、恐惧、紧张及烦躁等负面情绪，会破坏我们稳定的心情，扰乱我们的思绪，使我们变得心浮气躁。

这时，我们很容易做出错误的判断或遗漏重要的信息，或者对正在做的事情草草了事，导致各种错误。

马虎会直接影响我们的学习效果，还会带来许多心理问题。那么，我们应该怎样避免呢？

理解基本概念

很多时候，我们看似掌握了某个知识点，但在实际应用时却常常出错，这是因为我们对基本概念的理解还不够透彻。

那我们需要怎么做呢？

首先，我们要仔细阅读课本、笔记或其他学习资料，对知识点有一个初步理解。可以用不同颜色的笔来突出关键词、定义、公式等重点内容。

接着，我们要尝试用具体的例子来解释和说明知识点，来加深理解。

最后，我们还要做一些练习题来巩固，尤其是那些涉及知识点应用的题目。

提高细致度

我们在做题时，要慢慢读题，理解每一个细节。可以一边读题，一边用笔圈出题目中的关键词或数据，避免遗漏重要信息。如果问题复杂，就采用分步解题的办法，将复杂问题拆解成小步骤，一步一步解决，减少出错概率。

仔细检查

部分人的马虎源自急躁的个性与解题后缺乏检查的习惯。

在完成题目后，我们要进行检查，尤其是容易出错的地方。要像"侦探"一样，一步步检查，看看有没有漏写关键信息。

可以用不同的方法验证答案，比如用加法验证减法，用公式验证计算结果等。

建立错题本

我们可以将每次马虎出错的题目记录下来，分析犯错原因，找出自己容易马虎的地方，如计算错误、漏题等，做出针对性的改进。

每周还要定期复习错题本，提醒自己避免重复犯错。

缓解紧张情绪

不少人的马虎根源在于考试焦虑。

考试时，担心时间不够用，不断被内心的声音催促："快点！快点！时间来不及了！"

这种持续的紧张情绪，在解答每一道题目时都如影随形，影响了自己对问题的思考和解答，增加了出错概率。

因此在考试时，我们要静下心来，不疾不徐。

如果单纯地依赖老师的口头提醒，效果往往有限。只有我们深刻认识到马虎的严重性，并采取切实有效的措施，强化自己的心理素质，培养健康的学习心态，才能从根本上解决马虎的问题。

我不适应学习新阶段

——调整学习方法

　　自从升入新年级，我感觉老师的授课节奏明显加快了，我没有足够的时间来消化和理解老师讲的内容。可是有时候，老师又讲得很慢。

　　刚开始，我还想努力跟上老师的节奏，但是没多久，我就发现自己无法适应。作业不会做，考试成绩也很不理想，被同学们远远甩在了后面，我觉得压力太大了。

来到一个新的学习阶段，不只是我们要面对这些新情况，同学们也都在面对。

这样想，是不是感觉轻松了很多？

从心理学视角看，这样想会帮我们找到一种心理平衡。我们并不孤单，大家都一样。我们有这种不适应的感受是非常正常的。

外界发生了什么事情，这是一个无法改变的事实，但是，我们可以改变自己对这件事的看法。

请把"我怎么又做错了"，换成"我又发现了一个提升自己的机会"；

请把"我适应不了"，换成"我需要找到适合自己的学习方法"；

请把"这是一个低级错误"，换成"这个问题很容易避免，我只需要用心多试几次"。

当我们改变了看法之后，我们的感受往往也会随之一起改变。

与其让自己沉浸在压力大的情绪里，不如调整学习方法，查漏补缺，解决自己没有掌握的问题。这才是让自己变得更好的正确方式！

调整心态，乐观应对

学习的征途是一场马拉松，特别是在转折时期，遭遇挑战是正常现象，我们还需要慢慢去适应。重要的是，我们要以平和的心态面对这一切，给予自己足够的时间与耐心。

平和
心态

学会听课

感觉老师讲得太慢时，可以先耐心听听老师在讲什么，有时候老师的"减速"是在解释、举例、复习、强调或引导我们进行批判性思考。

如果是由于以上原因导致"低速"，这其实是老师在为我们夯实基础，是有重要意义的。

切记，不要因为不耐烦而分心，否则我们可能错过一些重要内容。

感觉老师讲课速度过快时，我们要积极深入参与课堂，多听、多思考，勤举手回答问题，因为听懂老师的话意义远大于抄笔记。我们要提升记笔记的速度，避免重复和过多着墨于细节，重要的是捕捉并记录核心概念和要点。

学会合作

在学习中，我们和同学是竞争关系，但我们所在的班级却是一个团体。要想取得好的学习效果，就应该在竞争的同时，保持良好的合作。

对于一个问题，如果我们有了独特的见解，可以和同学分享。如果我们的见解有错误，被同学及时指出来，我们就应该纠正自己思维上的偏差，让知识掌握得更加全面深入。

尝试新方法

面对新的学习任务，我们可以尝试不同的学习方法和技巧，还可以把自己已经理解的知识讲给别人听，这就是我们熟悉的费曼学习法，可以帮助自己更好地理解和记忆。

　　不要灰心丧气，每个人都需要时间和耐心来适应新的学习阶段，我们会慢慢找到自己的学习节奏和更好的学习方法。

　　一旦跨越了这段适应期，我们就会重拾学习的信心，深切体会到知识积累带来的满足与成就感。

　　加油！

学习令我身心俱疲
——避免学习倦怠

为了取得好成绩，我一直夜以继日地勤奋学习。

最近一段时间，我总是感觉浑身不舒服。尤其是今天晚上看书时，我突然感觉莫名的烦躁，只是翻了几页书，就觉得眼球像针扎似的疼痛，而且还哈欠连天。

我好害怕啊，我这是怎么了？

俗话说，学习如同一场没有硝烟的战争。我们每个人都是战士，肩负着知识的重担前行。

课堂上，老师的讲解如同连珠炮般袭来，我们不得不全神贯注，生怕错过任何一个知识点。笔记、习题、考试，一环扣一环，紧凑而紧张。

我们的大脑像是一台永不停歇的机器，不断地吸收、处理、存储信息。

我们的身体，在这场无声的战争中，同样承受着巨大的压力。久坐让我们的颈椎和腰椎不堪重负，眼睛也因为长时间盯着屏幕或书本而感到干涩疼痛。

更令人担忧的是，这种疲惫感往往被我们忽视。我们害怕落后，害怕被同龄人超越，害怕辜负家人的期望，只能咬紧牙关，继续前行，直到身体和心理的极限被彻底突破。

我们忽略了一个至关重要的事实——学习，会令人身心俱疲。

即便是最精密的机器，在长时间的高负荷运转下，也会出现磨损和故障。

身体的酸痛不适，如腰酸背痛、肌肉紧绷乃至痉挛，以及眼部疲劳，都是身体向我们发出的需要休息的信号。

这时，我们不妨停下来休息一下，让身体和精神得到充分的放松和恢复。

感受美好

当学习倦怠袭来时，我们可以尝试深呼吸、写感恩日记、和朋友倾诉，也可以听音乐、画画或者运动，甚至只是下楼散散步，在公园静坐10分钟，专注感受花香、阳光、树叶被风吹动的声音、皮肤和空气接触的感觉，把注意力拉回当下的体验，去感知自然的生命力。

我们会发现，原本困扰我们的倦怠感正在慢慢消失。

在学习间隙，给自己安排一段放松身心的时光，让紧绷的神经得以舒缓。这不仅是对自己的奖赏，更是提升学习效率的秘密武器。

合理运用大脑

人的大脑分为左右两个半球，左半球主要负责逻辑性强、抽象化的任务，如数学运算、语言分析等；而右半球则更倾向于处理形象化、创造性的内容，如音乐、色彩、图形及空间想象等。

为了有效缓解疲劳，我们应促进大脑两个半球间的交替活跃，将高强度的逻辑思维活动与富有创造性的形象思维活动相结合，轮流进行。

注意休息

在学习进程中，合理安排休息至关重要，将脑力劳动与体力劳动、文化娱乐交替进行，有助于缓解学习带来的疲劳感。

当我们的精力和体力不足时，一定不要勉强自己，保证充足的睡眠时间是恢复精力、保持良好状态的关键。

顺应人体的自然生物节律

上午 7 点至 10 点期间，人体的生物机能逐渐增强，并于 10 点左右达到巅峰，这是进行学习与工作的黄金时段。随后，机能开始缓慢下降，直到下午 5 点后才重新回升，到晚上 9 点再次进入高效状态。

因此，摸清自己的生物钟，才能合理地安排每天的作息时间，让生活更有科学性。

看到这里，请把双脚平放在地上，脊柱保持正直，肩膀放松。把自己想象成一台正在工作的扫描仪，从头到脚扫描，或者从脚到头也可以。我们的意识在哪里，扫描仪就扫到哪里。

就这样，一点一点地放松全身。几分钟过后，当我们睁开眼睛时，会感觉自己轻松了很多。

请试着多做几遍吧，争取把我们的身体和心灵调整到最佳状态，用我们的实际行动告诉我们的身体——我很爱你。

交往沟通篇

　　有人仿佛天生情商高，能轻松解锁同学间的共同话题，而有人却孤独地旁观。其实，只要我们掌握倾听与表达的艺术，就能让沟通变得更加顺畅。

看不惯与自己观念不同的人

——建立积极健康的人际关系

　　班里，有些同学的行为真是让我看不惯：他们有的缺乏学习动力，不思进取；有的过分计较，内心狭隘；有的行事张扬，唯我独尊；有的则沉默寡言，难以交流；有的热衷于闲聊八卦，说三道四……

　　这些现象让我感到难以适应，甚至想要疏远他们。

我们把班集体当成自己的第二个家，对它有很多幻想和期待，可是现实令我们感到有些失望。

事实上，青少年间"看不顺眼"或"难以合拍"的情况相当普遍，这是性格多样性的自然体现。

让我们把班级想象成一片生机盎然的森林吧——

有人像高大的乔木，挺拔耀眼，在阳光下伸展枝叶引人注目；

有人像灌木一样自在生长，在属于自己的高度绽放绿意；

也有人像苔藓一样安静铺展，用细腻的生机滋养土地；

乔木不必嘲笑苔藓的低调，苔藓也无须羡慕乔木的高度。

因为每种植物都能活出自己的姿态，都有它独特的价值。这样一来，整片森林才有了最动人的生命力。

要知道，班级是一个小社会，我们免不了和这些性格迥异的同学打交道。那么，我们该如何调整自己的心态呢？

我们要学会用包容和理解拥抱差异，搁置个人偏见，寻找共识。

尊重差异

人与人之间的差异，除了外在的生理特征外，还体现在兴趣、能力、气质及性格等方面。其中，性格是人们心理差异的首要标志。

事实上，世界上不存在性格完全一致的两个人，认识到这一点至关重要。

接受人与人之间的性格差异，我们便不会苛求他人与自己完全一致，这样就能有效缓解潜在的冲突，减轻相互间的反感情绪。

古语云："金无足赤，人无完人。"每个人都有自己独特的优点与不可避免的瑕疵。

主动改变

我们可以主动与同学交流，寻找共同话题。可以从日常小事聊起，比如讨论作业、兴趣爱好、课外生活等。

此外，参加班级活动或兴趣小组也是建立和维护人际关系的好机会。

用心倾听

在交谈中，掌握倾听的艺术至关重要。过于急切地表现自己，随意打断或反驳他人，会导致不愉快的交流。

在交流时，如果我们不确定该如何回应，可以选择微笑、点头或重复对方的话来表示认同，这些都是积极的交流方式。

通过真正的交流和倾听，可以与同学建立起更深的联系。

追求共识

有时候，我们会有这样的疑问：这两个人，一个爱说一个爱听，一个冲动一个谨慎，怎么还能融洽相处呢？

其实这并不难理解，也许他们有共同的兴趣爱好，或者共同追求的目标……

与不同性格的人和谐共处，关键在于多关注彼此间的共同点，这是相互理解和融洽相处的关键。

假设我们是一个性格温和、行事谨慎的人，在给他人提建议时，会尽量温婉迂回。但有个同学性格刚烈且急躁，他可能会直言不讳。

如果我们只是把关注点放在彼此截然不同的表达方式上，认为他粗暴无礼，那彼此之间便可能产生隔阂，难以和谐相处。

相反，如果我们能超越这些表面的差异，看到他与我们一样，都是出于善意，目的都是帮助同学，那么我们就不会反感了。

深入理解他人

心理学告诉我们，人的性格是由生活的环境、受到的教育以及过往经历共同培养出来的。

性格的多样性正是所处的独特环境、接受的不同教育及各自的生活经历所影响的。

在与性格独特的人交往时，我们可以了解他们的兴趣爱好、经历，也可以与他们分享自己的故事和感受。

比如，我们作为一个性格开朗的人，遇到一位沉默寡言、性格孤僻的伙伴时，可以主动开启对话，或从侧面了解其过往。我们可能会发现他有很多不愉快的经历，甚至曾遭遇深重的精神创伤。

这样一来，我们会更加理解他，给予他更多的帮助。而他在感受到这份温暖后，也会敞开心扉与我们交流，深厚的友谊就这样慢慢建立起来了。

有人给我取不雅绰号

——不要默默承受

　　　　每天照镜子的时候，我都很自卑，因为我长得特别矮小。同学们还给我起了个外号，叫"矮冬瓜"。

　　　　我不想去上学，我觉得同学们都看不起我。我好几次都想跟他们说不要这样叫我，又怕他们说我小题大做……

在我们身边，总是有些人把目光聚焦在他人的不足之处，通过夸张、嘲讽等手段，给对方取一些让人很尴尬的绰号。

显然没有人愿意成为被取笑的对象，更不希望自己的名字被这样的绰号所替代。

当面对不雅绰号时，我们可能会自责，认为因为自己不够优秀，或是身体上存在某些缺陷，才会成为众矢之的。时间一长，我们就可能接受这些绰号，并陷入封闭与自卑的状态。

皮格马利翁效应：有些绰号是人一生的阴影

皮格马利翁效应揭示了人类情感和观念是如何受到外界暗示与影响的：接受正面期望的人往往能迅速成长，而背负消极态度的人则可能陷入自我放弃的漩涡。

出于善意、突显优点与特长的绰号，非但无害，反而能加深友情。相反，充满讽刺、贬低乃至侮辱意味的绰号，就如同锋利的刀刃，不断切割着我们的心理防线，让我们在不知不觉中接受并相信这些负面评价，导致自我认知扭曲，将"真我"与绰号混为一谈，陷入深深的自卑里。这种心灵的创伤可能会伴随我们终生，成为难以愈合的伤痕。

被起绰号的人，很可能正面临校园欺凌行为

当我们提到绰号可能构成校园欺凌乃至暴力行为时，部分人或许认为过于夸张。其实，校园欺凌并不仅仅指身体层面的伤害。

有些人会利用他人的微小瑕疵，编造出侮辱性的绰号，并在班级中大肆宣传，试图以此娱乐大众，这种行为正是言语欺凌的鲜活例子。

被取不雅绰号的人，心灵会受到创伤，这种伤害造成的后果丝毫不亚于肢体上的殴打。对于正处于成长期的我们来说，是一种致命性的伤害。

不要让绰号成为束缚自我认知的枷锁，我们是自己人生的主角，是世界上独一无二的存在，拥有无限潜力与可能，不应被他人所定义。

那么，如果有人给我们取了不雅绰号，我们应当如何应对呢？

正确看待自己

当别人说我们笨的时候，我们也觉得自己不聪明吗？当别人说我们很丑的时候，我们也觉得自己不好看吗？

人无完人，我们要有准确的自我认知。

如果我们能恰如其分地看待自己，相信自己，不过分夸大自己，也不过分贬低自己，那么别人的看法就很难影响到我们。

被人取绰号，是对方在用语言表达他的偏见，不要让他们左右我们的情绪和自尊。

所以，当别人评价我们的时候，请记得把评价的权利抓在自己手里。明明是别人的错误，我们不应该和他人一起来伤害自己。

调整心态

因为绰号而感到伤感与愤怒，是因为我们的内心太过敏感，过于在意自己的名誉和形象。

当我们心态失衡，过分关注这些负面标签时，可能会因此产生厌学情绪，甚至冲动地采取暴力行为来回应。这样做，不但不能解决问题，反而会使矛盾升级。

我们可以选择不予理睬，用沉默作为最有力的回应；或是用幽默化解尴尬，让对方自感无趣而收敛。

寻求外界援助

如果我们正在被绰号困扰，可以把事情告诉父母、老师、朋友等信任的人，寻求他们的帮助，并共同商讨有效的应对办法。

不要担心丢脸，或被人说小题大做、不合群，我们的感受才是最重要的。

勇敢表达不满

如果我们面临这样的困境，要坚定地提醒自己："这不是我的错，对方应该立刻停止这样的行为。"

我们可以当面和对方说出自己的感受："我不喜欢这个称呼""你这样称呼我，我很难过"……

千万不要害怕说出自己的感受，有时候，同学们也许并没有意识到这样的绰号会给我们带来伤害。只有我们勇敢地说出来，问题就可以迎刃而解。

让我们列一张清单，在纸上写下自己的优点。

比如"我的语文学得很好""朋友说我的画非常有趣""我性格开朗，总是给大家带来欢乐"……

无论是外貌、品质，还是性格特点，都值得被我们关注。我们或许不完美，但都是独特而美好的存在！

现在，有没有感觉好一些呢？

过激情绪要爆发了
——要淡定理智对待

今天上体育课时，一个男同学不小心踩到了我，还不主动向我道歉。我要求他道歉，他却说我小气。我像一个马上要爆炸的火药桶，立刻冲他大喊了起来。他也不甘示弱，立刻用比我还高的音量回击我。

我们激烈的争吵引来了老师的关注，老师把我们两个人分开，让我们冷静一下……

别担心，很多人都有过这样的时刻。冲突发生时，烦躁、愤怒等过激情绪如同一只按捺不住的猛兽，随时想要跳出来搞破坏。

我们要怎么做呢？难道我们要忍耐吗？

当然不。

一味忍耐是没办法排解情绪的，最后忍无可忍，情绪爆发的威力可能更大。就像给气球打气，一直往里打气而不排气，最后气球肯定会爆掉。

可是，我们为什么会产生像雷阵雨一样的情绪呢？

容易情绪化是青春期的身心发展特点

在我们的大脑皮层中，前额叶具有负责处理情感、决策制定和行为控制等功能。处在青春期的我们，前额叶发育还没完全成熟，所以我们很容易产生情绪，却又不能有效控制。

同时，青春期的我们还总是以自我为中心，容易把外界事物与自己联系起来，导致强烈的情绪反应。此时我们的情绪就像一锅 90℃ 的水，稍微加点火就会沸腾。

家庭氛围会影响我们的情绪

家庭氛围对任何人的心理健康都有着重要影响。

试想一下，如果我们家庭和谐，相互充满关爱、尊重，那我们的心情必然是无比愉悦的。

相反，如果我们生活在一个充满争吵的家庭中，不断受到不和睦氛围的影响，情绪就会难以平静，还可能养成通过发泄情绪来沟通的习惯。

长期积累下来，我们的情绪问题就会像滚雪球一样越滚越大。

老师和同学会影响我们的情绪

如果我们上课时明明没有违反课堂纪律，老师却误会了我们，并对我们进行了严厉批评。我们一定会感到委屈，也很气愤。

假如，有个别老师对我们存有偏见，有时还会有意针对、刁难我们，这也会刺激我们变得情绪化。

当我们感受到这份来自个别老师的恶意时，只要身在学校，我们就会受到这种情绪刺激，慢慢积累大量的负面情绪。

在与同学相处的过程中，我们也会产生困扰。

有时候，我们会与好友闹矛盾，被同学取笑、排斥等。如果不能有效应对，就会产生负面情绪。

在学校的每一天，我们都要与同学相处。如果产生负面情绪的源头没有得到解决，情绪日积月累，就有可能将我们的心态压垮。

当然，让我们情绪化的原因并不仅限于此。不过，这不代表我们可以放纵情绪。

如果一时忍不住发了脾气，我们可以先浅浅地"原谅"一下自己，想想这次情绪爆发的原因是什么。这并不是要为自己开脱，而是在找到原因后，做出合理的应对。

那么，面对过激情绪，我们有哪些策略去应对呢？

问自己几个问题

在大喊大叫之前，我们先深吸一口气，问自己几个问题：

"为什么我会这么生气？"

先找到这种情绪产生的根源，为解决问题做好准备。

"这件事情会带来什么后果？"

有时候我们生气是因为在脑海中夸大了事情的后果，真实的情况其实并没有想象中那么糟。

"除了大喊大叫之外，我还可以怎么做？"

我们可能会发现，原来通过正常表达也可以解决问题。

"如果我发脾气了，我会后悔吗？"

提前想想过激情绪爆发的后果，能有效避免我们做出后悔的事。

千万不要小看个问答的过程，我们的过激情绪正是在这个过程中逐渐冷却的。

灵活运用策略

当过激情绪发生时，我们可巧妙地运用"回避""转移注意力"及"情绪释放"等策略，这是经过时间验证、行之有效的解决办法。

比如，《论语》中的"非礼勿视、非礼勿听"，就是一种回避方法，可以遏制内心暴躁与愤怒情绪的滋生。"三十六计，走为上计"这一古语，也说明了回避是一种高效的应对策略。

当我们情绪激动，无法抑制内心的冲动时，很容易说出伤人的话，甚至采取暴力行为。这时，我们可以通过绘画、阅读、计数等方法来转移自己的注意力。通过不断练习，我们就可以更好地管控自己的情绪和行为。

当我们的情绪积累过多，已经处在爆发的边缘时，还可以适当进行"情绪释放"。

比如，我们可以写日记，把自己心中的不快全部宣泄到纸上。这不仅能让我们重归平静，还可以帮助我们更好地整理思绪，提升自我反思能力。

学会心理换位

只重视自身感受与立场，忽视了他人的视角与情感，往往是过激情绪发生的根源。

我们应当主动培养换位思考的能力，设身处地理解他人的感受，了解他们这样做的原因，这样才能提升自己解决冲突、和谐共处的能力。

能否顺利解决冲突，决定了我们今后的社交和应对挫折的能力。

如果我们暂时做不到这些也没有关系，正确地处理情绪不是一蹴而就的，需要时间和耐心，我们要多给自己一点宽容和理解。

相信不久之后的我们，一定会变得越来越淡定，不再让脾气牵着鼻子走。

与同学格格不入

——用欣赏与赞美作为桥梁

班级组织活动时，同学们都不愿意靠近我，好像我是个陌生人一样。

大家是不是都不喜欢我呢？我找不到自己的存在感，心里十分压抑，感觉胸口就像压了一块大石头。

我希望能找到一个方法，获得同学们的认可。

我们能积极参与班级活动，这已经很棒了！

在任何团队或集体中，都有不同的角色：领导者、支持者、决策者和参与者。并不是只有领导者和决策者才能发光，"不够显眼"并不等于"不重要"。

在人群中认识自己，获得他人的认可，在集体中找到归属感，是每个人成长过程中非常重要的心理发展阶段。我们觉得自己是"小透明"、缺乏存在感时，感到失落是完全正常的。

如果遭到同学们的排斥与孤立，不仅会对我们的性格产生负面影响，还会影响学习动力、社交能力和心理健康状态，带来一系列消极后果。

性格孤僻，自我怀疑

外界不主动与我们交流时，我们的性格可能逐渐变得封闭。

长此以往，我们容易错误地把原因归咎于自身，认为是自己的错误或不够优秀所导致。我们的自卑感会日益增强，与人交往的勇气也逐渐被消磨。

厌学情绪

如果我们心里的委屈在家中难以向父母启齿，选择独自承受，负面情绪便难以释放，甚至会诱发焦虑、抑郁等心理健康问题。

由于缺乏与同学的有效交流，我们会错失许多学习上的灵感与助力，这无疑会削弱我们的学习热情。

当我们内心的委屈不断累积，厌学情绪就会愈发强烈，最终形成一种恶性循环。

嫉妒情绪

"既然你们不接纳我，那我也不加入你们！"

在现实生活中，我们的思维方式容易滑向一个极端，内心深处被强烈的嫉妒感所充斥。

这种嫉妒，如同一条毒蛇，悄无声息地啃噬着我们的理智，有时甚至会转化为怨恨。

我们不要把自己封闭在狭小的世界之中，勇敢地推开那扇紧闭的门，去探索、去体验、去感受这个世界的广阔与美好。

不要因为与同学格格不入，而怀疑自己的价值。只要我们找对方法，这个问题很容易解决。

关注团队需求

大家聚在一起通常是因为"合得来"或"能力相当"，我们可以反思一下，自己是否在平时忽略了与同学们的交往，或者是我们的能力不足以为集体做出独特的贡献。

如果是前者，我们就要关注社交技能的提升，向同学们展现出自己乐于奉献的一面。

如果是后者，我们就要借此机会加强学习，努力提升自己的能力，让自己成为被同学们需要的人。

主动表达

我们渴望被认可，同样，我们身边的每一个人也都如此。

我们不妨从家里开始，试试主动跟父母说"我爱你们"。

在学校里，主动跟平时交流不多的同学说"你好"，当有人讨论我们感兴趣的话题时，主动走过去，友好地询问："我可以加入吗？"

不要害怕，大胆表达出我们的态度。

被动地等待会让我们越来越无助，就像守株待兔，大多数时候都会经历失望。

当我们开始主动表达，就会离快乐、温暖与爱更近一步。

学会赞美

想要赢得他人的接纳，有一个简单的秘诀——赞美他人。

空洞无物的赞美缺乏诚意，难以触动人心，甚至可能适得其反，招致反感。真正的赞美需要精准到位，才能彰显真诚，拉近彼此之间的距离。

比如，面对一幅画作，一句"画得真好"虽然也是赞美，但如果可以进一步指出画中精妙之处，如色彩运用得当、构图巧妙等，更能显出用心与尊重，自然更容易赢得对方的好感。

也许在开始的一些活动中，我们会感觉不太适应，但还是要积极投身其中，参与讨论，勇于提出自己的看法和建议。

有时候，我们也会遇到冷场或白眼，但请不要气馁，只要我们坚持下去，就一定会在班级中找到属于自己的位置。

这个挑战我难以应对

——勇敢迈出求助的步伐

自习课上，我被一道数学题难住了。我在草稿纸上算了很久，也找不到丝毫头绪。

如果我求别人来帮助我，多丢人啊！我宁可放弃，也不会去寻求帮助，哪怕找父母也不行。

但是，仅凭我自己的能力又无法解决，我好为难啊！

从小，父母就告诉我们："自己的事情自己做。"这是为了让我们学会负责，变得更独立，在学习和生活中遇到困难时能从容应对。

但是过犹不及，有时父母给我们安排的事情超出了我们的能力范围，就会导致我们产生挫败感，甚至变得胆小和自卑。

自尊心特别强的人，一碰到难题，要么硬着头皮乱做，要么直接放弃。但是，硬撑下去往往会让事情变得更糟，挫败感也越来越强，最后可能陷入绝望。而放弃呢，问题还是存在，而且越积越多，最终变成更大的问题。

显然，这两种做法都是不可取的。

到底是什么让我们不愿意开口求助呢？

认为向人求助很没面子

我们拒绝向旁人求助，是因为羞耻感在作怪。

在这种扭曲的认知下，我们把求助当成没有面子的事。于是，遇到困难时，我们只能孤军奋战至精疲力竭而放弃，或是直接否定自我，将责任推给父母。这样的行为显然对我们没有任何帮助。

三人行，必有我师焉；
择其善者而从之，其不善者
而改之。

——孔子

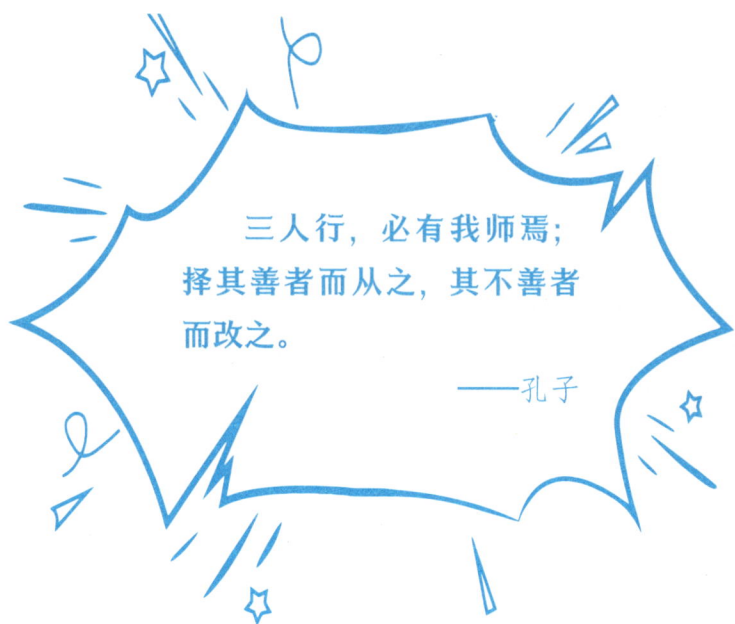

害怕暴露自己的不足，不想给别人添麻烦

我们内心既骄傲又自卑，害怕成为他人的负担。

我们觉得那些对自己来说困难的事情，对别人而言轻而易举，求助只会暴露自己的无能，感觉颜面尽失。我们还担忧自己的问题会占用他人的时间，可能会给对方留下不好的印象。

"那为什么不向父母求助呢？"

"父母太忙了，不想给他们添麻烦。"

这句话看似体贴父母，其实是缺乏自信、内心封闭的体现。

如果一个人在遇到困难时，向父母开口求助都做不到，在学业上遇到困难时又怎会主动寻求老师、同学的帮助？未来进入职场，面对挑战时，又怎能毫无顾虑地向领导、同事求助？

长此以往，逃避难题的心理将变得根深蒂固。

> 敢于把自己的困难表达出来的人，有一种可贵的品质，叫坦诚和勇敢。

那么，如果遇到了自己解决不了的问题，我们应该怎样求助呢？

向教材或辅导书求助

有时候，我们遇到的问题其实在教材上或辅导书上都有详细的讲解，只不过它出现的形式并不完全一样。只要我们仔细分析，就能找出其中的共同点，从而解决问题。

当我们面临困境或挑战时，独自承担或许显得英勇，但适时求助他人，却是一种智慧与勇气的体现。它教会了我们团结协作的重要性，让我们懂得如何携手并肩，共同跨越难关。

向家长求助

家长通常拥有丰富的生活经验，能够为我们提供宝贵的建议。

在求助时，我们应尽可能详细地描述问题，包括我们已经尝试过的解决方法以及目前遇到的障碍。

如果家长的看法与我们不同，也要尊重他们的观点，并尝试从中找到有价值的信息。

向老师和同学求助

老师拥有专业知识和教学经验，同学们也各自有擅长的领域，我们解决不了的问题，也许他们曾经也遇到过，并成功解决了。向他们求助，可能会获得意想不到的惊喜。

网上求助

随着互联网的普及，网上求助也成了一个便捷且有效的途径。

我们可以在各种论坛、问答社区或者社交媒体上发布问题，寻求来自不同领域和背景的人们的帮助。

要注意的是，网络世界信息繁多，其中不乏虚假、误导或片面的内容。因此，我们应当学会筛选和验证信息，不轻易相信未经证实的说法。

我们可以通过查阅多个权威来源、对比不同观点、关注信息发布者的专业背景等方式，来提高信息的准确度。

不管我们的求助有没有成功，这都是一次了不起的尝试，因为我们牢牢把握住了这次成长的机会。

不必过于在意别人的眼光，让我们大胆求助吧！

没有朋友好孤独

——踏出交友第一步

　　下课时，我看到同学们在一起闲聊，我想要加入，就走到了他们身边，但他们好像没有看到我似的，继续聊着自己的话题。

　　我既好奇他们在窃窃私语些什么，又因为无法融入他们而苦恼。

　　我觉得自己永远都交不到朋友，永远都会这么孤独……

先让我们为自己点个大大的赞吧！

我们没有把自己变成蜷缩成一团的刺猬，而是变成了一只优雅的猎豹，虽然误入陌生的领地会让我们感到不安，但我们却有了一个重大收获。

因为人与人之间的相处，本来就不是一件容易的事，每个人的成长背景、日常习惯乃至思想观念都不相同。

但是，我们却踏出了最关键的交友第一步，这难道不是一个重大收获吗？

从现在开始，拿出我们最真挚的情感行动起来吧。

分析原因

如果我们喜欢独处，不喜欢与人交流，甚至害怕与别人进行眼神的接触，那很可能是社交恐惧症阻碍了我们拓展友谊的脚步。

除此之外，如果我们的性格过于娇气、傲慢无礼、自私自利、心胸狭隘，也很容易交不到朋友。

站在孤独的十字路口，只要勇敢地走出自己的小世界，以真诚和善意去触碰他人的心，终有一天，我们会遇到那些愿意与我们并肩同行的朋友。

社交恐惧症，也称为社交焦虑障碍（SAD），是一种常见的精神疾病。表现为在社交场合中感到极度的不安、紧张或恐惧。

社交恐惧症可能会严重影响我们的日常生活、工作、学习和人际关系。

设定目标

我们可以设定一个目标，比如主动和离我们最近的五个同学打招呼。

当我们带着一个目标去行动时，心中的焦虑和恐惧感就会自然而然地减轻。

寻找同伴

看看周围，找一找和我们一样的"独行侠"。我们可以适时地向对方寻求帮助，拉近彼此的距离。需要注意的是，我们要保持友善和积极的态度。

当我们主动开始释放善意，就会同时接收到来自他人的善意。

勇敢开口

如果刚开始我们觉得很难开口，可以从简单的问候开始，比如"你好，我叫×××,你叫什么名字",或者"今天的课你觉得怎么样"，等等。

或者更放松一些，半开玩笑地说"我不知道跟你说什么好，要不你先开始吧"也是一个不错的开场白。

当我们鼓起勇气寻找朋友时，也许就能找到同频的伙伴。

开口时，记得带上微笑呦！

掌握交谈技巧

说和听是人类十分重要的能力，二者相比，听更有魅力，也更难做到。

有这样一种说法，我们只用一年的时间就学会了说话，但是要用一生才能学会闭嘴。这也说明了倾听是一种多么重要且多么可贵的能力。

当别人讲话时，我们可以通过点头、微笑、眼神交流等身体语言以及言语表达来回应，让对方知道我们在认真倾听。这不仅能增强对方的表达欲望，还能提高沟通的效率。

在交谈中我们也要保持自信，积极地表达自己的观点。

如果有不同的意见，一定要保持冷静，尊重对方的观点并寻求共识。

提升个性魅力

研究显示，一个人的性格会直接影响到他的朋友圈。为了增强自我吸引力，我们应多展示自己的兴趣爱好，来吸引他人的好感与亲近。

尽管我们的先天条件无法改变，但我们能在后天的学习中不断拓宽知识视野、增强各项能力，通过后天努力塑造内在魅力。

真正的朋友如同珍宝，难得一遇。

友谊的维持需要双方的努力和包容，有时候即使我们付出了很多，结局也未必如我们所愿，这时我们也要坦然接受。

希望我们都能找到真心的朋友，开启友谊带来的快乐时光。

序号	题目	A.是	B.有时是	C.从未
1	表达时，你是否经常词不达意？			
2	他人是否经常会误解你的意思？			
3	当别人不理解你的言行时，你是否会感到非常沮丧？			
4	当他人无法理解你的言行时，你是否选择不再进一步解释或澄清？			
5	你是否经常躲避社交场合？			
6	在社交中，你是否倾向于避免与他人进行交流？			
7	你是否在大多数时间里更喜欢独处？			
8	你是否经常感觉难以让他人真正理解自己的想法？			
9	你是否觉得在众人面前大声表达自己的想法是一件极具挑战性的事情？			
10	是否有人常用"奇特""不合群"等词汇来描述你的性格或行为？			
11	你是否在人群中倾向于保持沉默，尽量不引起注意？			

得分与判断标准：

答A得3分，答B得2分，答C得1分，各题得分相加为总分。

30~33分：你不善于交往，应该想办法提高自己的交往能力。

19~29分：你是一个善于交往的人。

11~18分：你在交往方面过于积极，有时可能令人感到厌烦。

我该怎样与异性交往

——适当的分寸与界限

最近我发现自己喜欢上了一个人，他就是我们班的班长。

每次看到他，我都会不由自主地心跳加速，甚至手心都会冒汗。我还会观察他的一举一动，甚至上课时都不能专心听讲。每当他主动与我说话的时候，我都会紧张得说不出话来。

我应该怎样处理自己的这份感情呢？

青春期时候的"喜欢"，是多么青涩，多么美好呀！

那种"心里住进了一个人"的感觉，是我们每个人在成长中都会有的体验。

随着青春期的到来，喜欢上一个人不是一件令人羞耻的事，而是我们情感世界的一部分。

我们忍不住去关注对方，这说明我们在用心欣赏生活中的美好，同时寻找自己的情感依托。这是成长和成熟的自然体现，千万不要把它当作一种负担和困扰。

在不影响自己、他人学习和正常生活的情况下，我们不必过分纠结于这件事，而是要认识到男女之间的差异，在交往中保持恰当的尺度与界限。

转移注意力

如果我们实在忍不住关注对方的一举一动，可以努力尝试转移自己的注意力。

多参加一些课外活动或者培养新的兴趣爱好，让自己的生活更加丰富多彩。

这样不仅可以让我们减少对对方的关注，还可以让我们更专注于自己的成长。

自尊自爱

我们要自尊自爱，言谈举止文雅得体。和同学交往时要尊重彼此，避免过于亲密，不要有勾肩搭背、拉扯拥抱等不当行为，同时也不要有矫揉造作、摆弄身姿等不当举止。

与异性交往要注意分寸

我们应该将集体活动作为与异性交往的主要平台。集体活动提供的场所、营造的氛围以及采用的形式，能让异性间的交往更加自然。

异性间的单独交往要注意分寸，特别是在时间、地点的选择上需格外慎重。

在时间安排上，选择白天会面能让双方更放松，也能减少外界不必要的猜疑。

在地点选择上，图书馆、咖啡馆、校园长廊等开放场所比私密空间更合适，既能保证交流的坦诚，又不会让任何一方感到不安。

保持适当的界限

当我们和异性聊天时，如果话题触及两性间的敏感领域，应巧妙回避，以维护双方的舒适感。

如果有不可避免的身体接触，应同样谨慎处理，既不能过于轻佻，也不能过分拘谨。

当我们不再把异性看作"特殊群体"，而是平等的伙伴时，便能卸下不必要的紧张，用平常心去交流。

真正的成熟，不是回避与异性的接触，而是在相处中保持清醒，让彼此都感到舒适自在。

在这样的相处中，我们既能收获真挚的友谊，也能成长为更从容的自己。

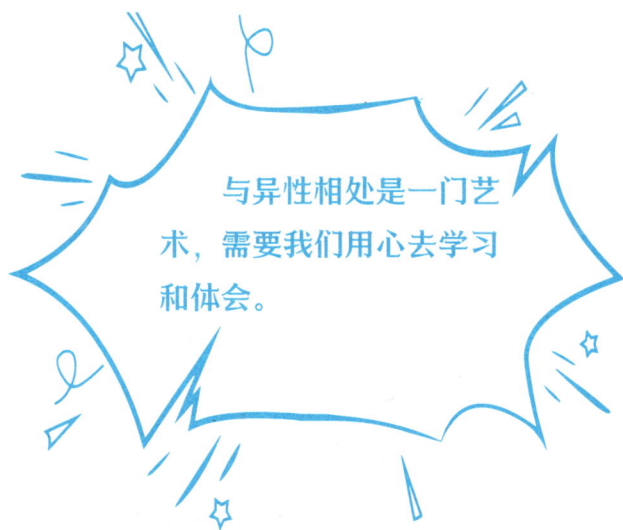

与异性相处是一门艺术，需要我们用心去学习和体会。

好烦！父母又在唠叨我
——这是深沉爱意的流露

　　一大早，妈妈又开始唠叨了："桌上的牛奶是我刚刚热好的，赶紧趁热喝了。你现在正在长身体，营养一定要跟上。别说不想喝，不想喝也得喝；对了，天气预报说今天有雨，记得把雨伞带上。再加上一件外套吧，我怕你着凉……"

　　哎呀，我又不是三岁小孩，每天这样唠叨真是令我烦躁。

父母经常唠叨个不停，听得我们的耳朵都要起茧子了，恨不得找个地缝钻进去躲个清净。

他们似乎永远都有操不完的心，从我们穿衣、吃饭到学习、交友，事无巨细，都要叮嘱个遍。我们总是不耐烦地应付着"知道了，知道了"，却忽略了这些唠叨背后藏着的秘密。

静下心来想一想，那些想被我们屏蔽的唠叨声，何尝不是笨拙的"我爱你"？

父母的每一句唠叨，都是他们深深的关怀，只是在转化为言语时，或许没有以最完美的形式呈现，使我们难以冷静地接纳，反而把它看作沉重的负担。

步入青春期的我们，或许正逢父母步入更年期的阶段，当我们的身心经历着翻天覆地的变化时，父母也在身体与心灵上迎来一个充满挑战的时期，他们可能会感到失落、孤独，甚至变得固执与焦虑。

我们要用平和的心态去接纳并理解父母的唠叨。

父母的爱是坚定的，如同冬日里的温暖阳光。无论我们身处何方，经历何种风雨，这份爱都是我们最坚实的后盾。

感恩父母

父母不仅赋予了我们生命，更在我们成长的道路上倾注了无尽的爱。

在我们还不能自立的日子里，他们默默付出；在我们的心灵需要慰藉时，他们张开双臂，给予我们无条件的关怀。正是这份来自父母的爱，使我们拥有了面对生活挑战的勇气。

父母始终是我们生命中不可或缺的重要角色，他们的付出值得我们永远感激。

用心铭记

父母作为过来人，积累了丰富的生活经验和智慧。他们的唠叨，往往蕴含着对生活的深刻理解。将这些唠叨铭记于心，我们可以学习到很多书本上学不到的道理，避免走弯路。

静心交流

当父母的唠叨让我们感到困扰时，不妨挑选一个合适的时间，与他们坐下来真诚地交流。

我们可以告诉他们，自己已经长大了，像日常饮食起居这些小事，我们都能独立处理，让他们无须过分担忧。

在交谈时，言辞要诚恳，让他们感受到我们的成长与自信。

向父母展现出我们独立自主的决心，并温和地提醒他们，我们已经有能力应对生活中的挑战。相信父母会感到欣慰，主动减少不必要的唠叨，给予我们更多的信任与支持。

父母越来越不懂我

——掌握与父母沟通的艺术

晚饭时，我兴致勃勃地谈起喜欢的动漫角色，发现父母一脸茫然，然后迅速转移话题："我们那个年代哪有这些东西，不也过得好好的？你有空琢磨这些，不如多背几个单词。"

原来我的这些爱好，在他们眼里不过是"不务正业"。

唉，他们真是越来越不懂我……

以前，我们特别依赖父母，可是现在他们好像没那么懂我们。

我们和他们之间，仿佛隔着一道透明的墙——他们看得见我，却看不懂我的世界；我想靠近他们，却找不到共同语言。

我们更愿意和同学、朋友聊心事，觉得他们更理解我们。有时候，我们觉得父母的想法已经过时，并因此和他们发生争执。

有时候，真希望他们能试着站在我们的角度，看看这个他们觉得"太容易"的时代，其实藏着他们想象不到的挑战。

生活在不同时期的人，由于社会经历不同，观念、性格、生活方式等方面也是千差万别，这就是人们常说的"代沟"。

重要的是，我们要主动想办法改善与父母的关系，不要让问题越来越严重。

父母与我们都是家庭这棵大树上的果实，彼此相依，共同生长。父母用深情与厚爱，托起我们的成就与未来，共同书写着家庭的希望与梦想。

孝顺之行

虽然父母看起来就像"超级英雄"，但是他们同样渴望我们的关怀。对于父母而言，他们并不过分看重子女在物质上的回馈，而是在意子女的心意与态度。

我们要多给予父母一些关心，让他们能感受到来自子女的温暖；

我们要主动分担家务，让父母享受到生活的轻松；

我们应多陪伴父母散步、郊游，共享大自然的宁静与美好；

我们要时刻将父母的身体健康放在心上，一旦发现他们身体不适，要立即陪他们去医院检查；

在父母生日这样的特殊日子里，别忘了准备一份小礼物，以表达我们的祝福。

真相?

误解?

尊重建议，平和应对误解

我们要尊重父母的建议，如果因为某些原因无法接受他们的意见，也要耐心地说明自己的理由。

当父母因为误解而指责我们时，我们不要急于争辩，应保持冷静，尝试以平和的方式澄清事实。

尊重父母，避免争执

对待父母应保持谦逊恭敬的态度，避免无理取闹、任性妄为，更不应使用不恰当的言辞与父母发生争执。

坦诚表达自己的观点

当我们发现父母的缺点或错误时，最恰当的方式是坦诚地表达自己的观点。

一方面，我们要耐心地说清楚自己的看法；

另一方面，如果我们的劝告没有被父母接受，也要保持理解的心态，尊重父母的决定。

借助外力

如果我们与父母之间的冲突难以避免，可以考虑寻求其他长辈或朋友的帮助，通过第三方的介入来帮助双方理性沟通，避免矛盾进一步激化。

情绪管理与道歉艺术

随着年龄的增长，我们的自我意识逐渐增强，有时明知自己犯了错误，但因自尊心强而不愿低头，这样的态度往往令父母感到不悦。

面对自己的错误，我们应勇于面对，不应逃避或保持沉默。只要我们主动向父母道歉，往往能获得他们的谅解。

当父母情绪激动时，我们应懂得回避，寻找适时的沟通时机；当我们情绪不佳时，也要先调整自己的情绪，避免在冲动之下与父母顶嘴。

我们要学会更加理性地处理家庭中的摩擦。

如果我们与关系最亲近的父母都无法和谐共处，将来怎样与社会上形形色色的人建立良好的关系呢？

当我们能够与父母和谐相处时，就会明显感觉到内心的成长和变化，真正体会到成熟的感觉。

怎样拒绝朋友
——大胆表达自己的想法

　　放学的路上，朋友拉着我聊个不停，从他感兴趣的网站，聊到最近热播的动画片，他还热情地邀请我去他家玩最新款的电子游戏。

　　可是我还有作业没有完成，根本不想去，我该怎样拒绝他呢？

不好意思说"不"，不好意思拒绝，被别人打扰也只能默默生气……我们是不是被自己的"好脾气"人设困住了？

这时，我们完全可以大胆地说出来，就像朋友们需要我们时那样直接，比如："我知道你想和我一起玩游戏放松一下，但我需要先完成作业，我们以后再找机会好吗？"这样，我们在尊重他人的同时，也勇敢地表达了自己的想法。

如果朋友的要求违背了我们的个人原则、价值观、兴趣爱好，甚至可能损害我们的个人尊严，这个时候，不要纠结，直接告诉对方"不可以""我不愿意"。不要内耗，也不要焦虑，直接说出我们的真实想法。

不伤和气的拒绝方法

谢绝法

"谢谢，但我认为这样做或许并不恰当。"

婉拒法

"哦，我还在思考中，等我考虑清楚以后告诉你。"

不卑不亢法

"我理解你的意思，但可能的话，你最好还是找一个对这件事更热衷的人来参与讨论。"

幽默法

"哎呀，真是抱歉！今天我有其他安排，恐怕得缺席这次活动，做个临时的'逃兵'了。"

缓冲法

"好的，我会再和我的朋友讨论一下，同时你也再考虑一下。我们过几天再做决定，怎么样？"

直接拒绝法

"这绝对不行！我已经做出了决定，你不要再劝我了。"

回避法

"今天咱们不聊这个话题，不如我们来聊聊你更为关注的另一件事情吧？"

借力法

"你要是不信，就问问他，他可以证明，我没有能力做到。"

补偿法

"虽然我不能直接帮助你完成这个任务，但我可以推荐一个在这方面非常擅长的人给你，他应该能更好地帮到你。"

无言法

轻轻地摆手、缓慢而坚定地摇头或者是无奈地耸肩、皱眉等，都可以传达拒绝的意思。

以退为进法

"真的很抱歉让你失望了，希望你能理解我的立场。如果你需要其他支持，我会帮你想办法。"

自护法

"请你为我考虑一下，我怎么能去做一件毫无把握的事情呢？"

我们要把自己的感受放在第一位，不要为了迎合别人而改变自己。保持彼此的独立时间和空间，友谊才会更长久！

不知道怎样和老师相处
——做个尊师好学的人

　　每次见到老师，我都会紧张得说不出话来。每次向老师请教问题，我都要在心里演练好几次，生怕自己说错了话。

　　我知道自己这种紧张没有必要，可就是没办法放松。

　　到底有没有什么办法可以让我轻松地面对老师呢？

在路上见到老师，我们就想绕道而行，恨不得穿上一件"隐身衣"！连我们自己都不知道，这种紧张感到底从何而来？

它不仅让我们没办法与老师正常交流，甚至影响到了我们的学习和生活。

别担心，其实这种紧张感是很正常的，它源于我们对未知的担忧和对评价的恐惧。

想一想，在我们心里是不是觉得老师就是那个每天盯着我们、评价我们、要求我们的人？

如果我们的回答是肯定的，那我们肯定会对老师唯恐避之不及，生怕一个不小心就被老师看到自己的缺点或错误，被他批评。

现在，让我们换个角度看一看。如果把老师当成为我们答疑解惑、提供帮助的人，遇到问题后，我们就会主动找老师沟通，看到老师和蔼可亲的一面。

人的一生中，有很长一段时间都是在校园内度过的，良好的师生关系可以让我们的校园生活更加幸福。所以，我们要用心维护好与老师的关系。

老师是我们成长路上的引路人，带领我们跨越一座又一座学习之路上的高峰。

对症下药

如果我们的老师很和蔼，可是每次见到他，我们依然感到十分紧张，那么就需要深入思考这种紧张背后的原因。

问问自己：我究竟在害怕什么?

是不是我们课前准备不足，担心老师课上提问?

是不是自己不善言辞，不知道怎么和老师打招呼?

是不是担心老师不喜欢自己?

是不是考试没有考好，担心老师对自己的印象不好?

这样一来，我们不难发现，"看到老师就紧张"背后的原因已经变得十分清晰，我们只需对症下药即可。

如果是担心自己学业准备不足，一方面我们可以积极预习、复习，做好充分准备；另一方面我们应该更积极主动地去找老师请教。

　　如果我们因为没有做好某件事而担心老师对自己的印象不好，就要释怀过去的错误，相信老师会看到我们的进步。

　　如果是因为自己不善交际，那么不必强求和老师长时间交谈，从简单的问候做起，看见老师时主动说一声"老师好"或者向老师微笑即可。

　　奥地利杰出教育学家布贝尔曾说："具有教育效果的不是教育的意图，而是师生间的相互接触。"

理解学校和老师

俗话说："没有规矩，不成方圆。"每所学校都有明确的纪律规范，明确告诉我们什么事可以做，什么事不可以做。

对于我们而言，一定要理解学校与老师的教育举措，把学校的规定与老师的期望变成我们对自己的要求。

当我们自觉去遵守纪律规范的时候，和老师之间的误解与隔阂也会随之减少。

客观对待老师的不足与错误

老师也是普通人，他们同样拥有情感的起伏与多样的个性。

面对没能完全符合我们期望的老师，我们应改变自己的心态，尊重差异。

对于老师可能存在的不足与错误，我们应予以理解，诚恳地向老师提出自己的想法与建议。

主动沟通，积极成长

想要快速成长与全面发展，我们需要老师的悉心指导与无私帮助。

我们应当敞开心扉，积极参与各种形式的交流互动。

面对自己的错误，我们应勇于正视，及时反思并改正，做到心服口服，而不是表面应承、内心抗拒。

同时，我们要以开放的心态接受老师的批评与建议，避免因一次批评而产生畏惧或偏见，影响师生关系的和谐。

人与人的交流是双向的，当我们用真诚坦然的心态面对老师时，就会发现随着时间的推移，我们与老师之间的交流也变得越来越轻松自然。

自我成长篇

　　长大就像拆盲盒，经常会遇到新挑战和新发现。让我们挺起胸膛，无畏地迎上前去。如果我们被挑战打败，也不要气馁，利用这个机会休息调整。当我们做好准备再次出发，一定能走上更高的阶梯。

大家总说我不够独立

——首要条件是身心的自主与自立

我平时总是听取别人的意见，当需要自己做决定时，我就会拿不定主意，不知道自己该怎么做。

我特别羡慕那些有主见的人，我也想像他们一样，面对一件事时，能快速做出自己的决定。

我该怎么做呢？

不用羡慕别人，当我们问出这个问题时，就已经在进步的路上了。因为我们清楚地知道自己想要成为什么样的人，这是一个非常明确的目标。

其实，适度的依赖感是正常且健康的，它就像登山时的手杖，让我们在不确定时获得支撑与安心。

回想小时候的我们，在父母、老师的指导下成长，就像搭乘了顺风车，少走了很多弯路。现在，我们需要独自前行，就会感到有些迷茫。

之所以会有这样的感受，是因为我们对独立完成任务有一种畏惧感，总觉得自己无法胜任，不想迎接挑战。

同时，我们还容易被各种声音左右，内心被不自信占据。

这种心态不仅限制了我们的成长，也让我们错失了许多展现自我的宝贵机会。

如果想要变得更加独立，我们应该怎么做呢？

父母对我们的爱护，也可能变成束缚。我们要实现人格独立，需要父母和我们共同努力。

从小事做起

独立思考和决策的能力需要我们在生活中从小事开始培养。比如，穿什么衣服、规划自己的零花钱用途、独立安排课后时间、选择哪本课外书来读、主动参与班务的讨论和决定。这都是锻炼独立的宝贵机会。

寻找榜样

我们可以向身边优秀的人学习，这可不是简单地模仿，而是为了拆解他们成功的逻辑：

我们要注意他们的思考方式，比如面对问题时的第一反应；

接着分析他们的行为模式，比如他们如何分配时间，如何应对压力；

然后问问自己："这些方法中，哪些适合我的性格和现状？"

就像科学家做实验一样：借鉴他人的经验，通过实践，调整出最适合自己的"成长配方"。

坚持自我

身心不独立的人缺乏自我认知，没有自己的主见，容易被他人的观点影响。

我们不要纠结自己与他人是否相同，想要他人认同自己，首先就要自己认同自己。

每天清晨对着镜子说出三个"我允许"——"我允许自己与众不同""我允许他人不认同我""我允许自己按照自己的节奏成长"。

每周再找一个固定时间做"心灵大扫除"，用三个问题清理来自外界的杂音："这个决定是出于恐惧还是热爱？""如果全世界都反对，我还会这么做吗？""五年后我会为此骄傲吗？"

这些看似微小的行动，实际上是在重塑我们面对选择时的思维方式。当我们能够坦然接纳自己的独特，他人的认同反而会不期而至。

让我们一起勇敢地迈向独立吧！

面对挫折好无助

——将挫折视为成长的契机

　　作为班级辩论队的一员，我在决赛前背熟了所有资料，但是在自由辩论环节，我突然大脑一片空白，忘记了辩论词。

　　全场寂静的这一刻，我看见对手嘴角的笑意和评委皱起的眉头，我的手心甚至渗出了汗。

　　在关键时刻掉了链子，我感觉自己好无能啊！

在人生的旅途中，我们就像航行在茫茫大海上的船只，时而平稳前行，时而遭遇狂风巨浪。挫折，就像是突如其来的风暴，使我们在航行中遭遇困境。

虽然我们都不愿意品尝挫折的苦涩，但是，这似乎无法避免。

每当挫折来袭，我们或许会问："别人都那么顺利，为什么只有我这么倒霉呢？"

不是这样的。

我们每个人，无论家庭背景、学业成就、个性特点或知识积累，都不可避免地会遭遇各种各样的挫折。

但是，这并不意味着全盘皆输，而是提醒我们要迅速有效地调整心态，从挫折中汲取经验，以更加坚定的勇气迎接更多挑战。

我们可以试试这样做——

从挫折中找原因

面对挫折，我们不能陷入无尽的悲伤与失望中，而是要坦诚地分析挫折产生的原因。

首先，我们要分析环境、时机、他人影响等外部因素，明确哪些是不可控的，哪些是可以提前规避的。

然后，我们要分析准备不足、判断失误、心态波动等自身因素，明确哪些是能力问题，哪些是态度问题。

如果是因为努力不够，那就调整节奏，全力以赴；

如果是因为方法错误，那就学习新的策略，优化流程；

如果是因为焦虑、急躁等情绪干扰，那就修炼心态，增强定力；

如果是因为技能短板，那就针对性学习、刻意练习……

当我们愿意直面挫折、拆解挫折，我们就已经走在了翻盘的路上。

展现自信姿态

垂头丧气会传递出消极、无力的信息，给人萎靡不振的感觉。

如果我们在日常生活中自然地昂首挺胸，保持良好的体态，不仅会使我们在外表上显得更加自信、有力量，还能够在无形中增强自信心与勇气。

我们内心的火焰，即便在最暗淡的时刻也从未熄灭，它照亮着我们前行的道路。我们比想象中更加强大、更加坚韧、更加无畏。

在心底对自己说 "我能行"

　　每个人都是独一无二的存在，都拥有属于自己的闪光点。我们要总结自己的优点和过去的成功经历，哪怕是小小的成就，都值得被珍视。

　　当挫折来临时，用"我可以"代替"我害怕"，用"我能学会"代替"我不会"，这些积极的信念会成为我们内心的力量源泉。

聆听振奋音乐

　　音乐是心灵的燃料。当振奋人心的旋律响起，那激昂的旋律、强烈的节奏和鼓舞人心的歌词，使我们的身体仿佛被注入了无形的能量。

　　我们感到热血在沸腾，整个人焕发出新的活力，充满了一往无前的勇气。

给挫折"翻个身"

遇到挫折时，我们要给挫折"翻个身"，从中挖掘积极因素。

具体要怎么做呢？

比如，今天的课堂测验，我们做错了好几道题，按平时的想法我们会觉得自己太笨了，因此非常沮丧。但"翻转"一下，我们可以试试这样想：虽然今天课堂测验做错了好几道题，但我知道了自己哪些知识点没有掌握好，可以去请教老师或同学及时解决。

这样一想，我们是不是有种立刻行动起来的感觉？

每当因为挫折而出现悲观想法时，我们就及时喊个"停"，把注意力放在我们可以改变的事情上，并做出转变的行动。

此刻，让我们来创造一个小小的胜利：主动举手回答一个问题，尝试一次当众发言，或者只是挺直腰杆走进教室……

这些看似微不足道的举动，就像在被挫折占据的心上凿开一扇窗——光会从这里透进来，照亮前方的路。

别人有的，我也要有

——在正确的领域建立优越感

今天早上到教室时，我一眼就注意到了同桌的新书包——那个醒目的商标在灯光下闪闪发亮。放学路上，我的脑海里全是对这个书包的向往。

一进家门，我就迫不及待地央求妈妈也给我买一个。没想到妈妈严厉地拒绝了我，还说了很多不要攀比的大道理。为什么同桌可以拥有名牌书包，我就不行呢？

看到别人在物质上超越自己时，我们实在是没有办法保持冷静，迫不及待地想要拥有同款。

其实，这是正常的思想状态。因为看起来美好的事物总是能轻易俘获我们的心。

但是，让我们深入想一想，我们自身真正的需求是什么呢？

当我们执着于攀比球鞋的限量款、手机的型号、衣服的品牌时，其实是在用别人的标准定义自己的价值——这样的"优越"不过是活在他人眼光里的枷锁。

不过，我们也要承认，攀比并不全是负面的，它的影响可一分为二。

消极的攀比会极大地削弱自我认同感和幸福感，对我们造成伤害，带来很多不良影响。

而积极的攀比却能成为一股正面力量。我们能更清晰地认识自己，发现自己的不足。

因此，在面对攀比这一行为时，我们应该摒弃消极攀比的心态。

具体来说，我们可以采取下面这些方法来实现这一目标。

设定物质冷静期

当我们想购买某件潮流商品时，先给自己设定7天冷静期——在这段时间里，问自己两个关键问题：

"我是真的需要它，还是担心如果自己没有它会被同学看不起？"

这个问题，能帮助我们区分真实需求与社交焦虑。

"这笔钱如果不用来消费，是否可以投资在能让自己成长的地方？"

比如买书、学一门技能、报兴趣班等。

通过这样的思考练习，我们会逐渐分辨"想要"和"需要"的区别。

7天后，如果依然觉得这件商品能为我们带来长期价值，再进行购买；如果只是出于跟风或面子，这笔钱完全可以用在提高自己的素质和能力等方面。

打造个人成长清单

准备一个专属笔记本，每天睡前花 5 分钟记录：

记录时，我们要具体到数字的进步，比如学习上的进步，"数学选择题正确率从 60% 提升到 75%""今天掌握了 8 个英语单词"；

可以记录下自己克服的小困难，比如"忍住没买奶茶，把零花钱存进梦想储蓄罐"；

还可以记录新发现的自己的优势，比如"在调解同学矛盾时，发现自己很有沟通技巧"等。

持续记录会刺激我们的大脑分泌多巴胺，形成"自我认可→继续努力"的正向循环。当攀比念头出现时，翻看这个笔记本会比任何奢侈品都能带来自信——因为这里记录着别人无法复制的、属于我们自己的成长密码。

我们可以把笔记本放在书包内，课间随时补充，让它成为我们的"能量充电站"。

将消极攀比导向积极比较

消极、虚荣、争强好胜的心态，往往会使我们进行盲目的比较，滋生过度的物质渴望，引发内心失衡，不利于身心健康。

与其在攀比中消耗自己，我们不如换个角度看世界：

学会用欣赏的眼光发现他人的闪光点，把别人的优秀当作学习的榜样；面对他人优越的物质条件时，保持从容淡定的心态，明白真正的价值不在于外在拥有。

更重要的是，我们要把每一次比较都转化为自我提升的动力，在成长中建立由内而外的自信。

与其眼红别人的光芒，不如专注点亮自己的灯。

一边是自我提升，一边是追求物质，在人生这架天平上，哪一边更值得我们拥有呢？

在正确领域培养自身的优越感

我们自尊心强，争强好胜，难以容忍自己在任何方面落后于他人，但同时，这种心态也伴随着强烈的嫉妒与自卑，难以正视他人的成就。

为了改变这种情况，我们应当在正确领域培养自身的优越感，比如培养均衡的饮食习惯、勤奋好学的态度以及积极向上的生活方式等。

通过这些正面的努力，我们能够逐步积累自信，使内心变得更加充实。

别人跟风买潮牌，我们却能理性消费，把钱花在真正值得的地方；别人炫耀物质，我们却在默默提升技能、培养好习惯、积累内在的底气；别人焦虑于"不被认可"，我们却早已明白——自我的成长，才是最高级的炫富。

当我们专注于让自己一天比一天进步，那些外在的比较自然会变得毫无意义。

面对困难，我好想退缩
——挑战并拓展自己的舒适圈

　　今天老师留了语文作业，那么冗长的一篇课文，竟要求全文背诵！

　　望着摊开的语文课本，我的手指不自觉地蜷缩起来——整整两页的文言文，密密麻麻的字像一群张牙舞爪的蚂蚁。

　　我感觉自己的太阳穴在突突直跳。我实在无法完成这项任务。

面对困难，我们就像置身于密不透风的热带雨林，既找不到入口，也望不见出路。这种感觉真是让人窒息。

我们该怎样做呢？

积极寻求解决之道？

通过拖延、退缩来被动等待？

如果我们在困难面前选择拖延、退缩，便是畏难的体现。它是一种消极的心理状态，不但不能激发我们克服困难的力量，还会成为我们成长道路上的绊脚石。

其实，困难的任务不是用来吓倒我们的，它是来教会我们如何把"不可能"拆解成"下一步"的。

现在，我们可以换个角度：把课文拆解成几个部分，像拼图一样，先攻克一小块；或者先理解每个自然段的核心意象，再通过画面联想记忆；我们还可以在睡前用手机反复听读录音，让耳朵帮助大脑加深印象。

发现了吗？这样一来，这件事好像变得简单了呢。

不要因为害怕犯错，而故步自封于自己的小宇宙。我们应该走出去，到更广阔的世界里去。

我们需要运用切实有效的科学方法，培养自己突破舒适区的勇气，消除畏难情绪。

5分钟启动法则

当我们面对背单词、写作文这类总想逃避的任务时，试着和自己谈判："就认真做 5 分钟，实在坚持不住就停下。"

接着设置一个可视化的倒计时，最好用沙漏或计时器。然后，我们就全身心投入这 5 分钟。

神奇的是，当我们的大脑不再被"必须完成"的压力绑架，反而会在计时开始的瞬间进入状态。

5 分钟后，我们往往会发现：
原本抗拒的单词不知不觉背完了一页；
作文已经自然地写到了第三行；
手指甚至想主动关掉即将响铃的计时器。

这就是行动力的秘密：开始的阻力永远最大，而持续的门槛往往最低。那些最困难的挑战，往往只需要一个 5 分钟的"心理诱饵"就能撬动。

榜样代入法

当我们被难题困住时，不妨闭上眼睛想象——"如果是×××（我们佩服的学霸或历史人物），此刻会怎么做？"

比如："数学课代表面对难题，会先画出示意图，再分步推导。"

"爱迪生面对这次实验失败，可能会毫不气馁，并记录所有错误路径来排除选项。"

然后，我们以这个人的口吻，用第三人称写下行动指南：

"数学课代表建议：1.把题干关键数据圈出来；2.先做前两问拿基础分。"

"爱迪生会说：保持观察实验现象的好奇心。将错误记录下来，作为排除选项。"

当我们用"偶像"的身份思考时，大脑会自动调用更理性的问题解决模式，既能获得方法论指导，又避免了"我不行"的自我否定。

用微小的胜利重塑大脑

准备一个笔记本，像科学家记录实验数据那样，每天客观记下这些"突破时刻"：

今天举手回答了那个纠结两天的物理问题，尽管声音有点发抖；终于分清了过去完成时和现在完成时的区别；在想要合上数学练习册时，又多做了一道相似题型；把要求背诵的课文第一段完整复述给同桌听……

每周日晚翻看这些记录时，我们会清晰看到：

上周还害怕的课堂发言，这周已经能流畅表达观点；那些曾让我们头皮发麻的语法结构，现在成了"手下败将"；专注时长从 15 分钟延长到了半小时。

大脑通过白纸黑字确认"我在变强"的事实，面对新挑战时，我们的第一反应就会从"我做不到"变成"让我试试看"。

拆解思维

当我们的脑海中出现"我做不到"的念头时，可以利用拆解思维：

"这个任务可以分解为哪几个可操作的小步骤？"

比如背诵课文→先通读→分段→找关键词→联想记忆。

然后进行资源盘点："我有哪些工具、人脉可以帮助自己突破？"

我们可以利用翻看笔记、咨询老师、学习小组讨论等方式来解决。

这样的解决方案路线图生成后，我们就会有针对性地进行每一步。

提升难度

每次将难度在原基础上提高15%。比如平时能连续学习1小时，下次就挑战1小时9分钟。这种既超出舒适区又不至于恐慌的区间，可以避免因目标过高产生的"望而生畏"。

通过这种微小叠加可以形成"无痛成长"，最终建立起持续的进步节奏。

舒适区的边界，从来不是固定的围墙，而是由我们一次次微小突破所重新标定的界限。

每一个曾让我们心跳加速的"不敢"，终将成为从容不迫的"不过如此"。

让我们一起加油吧！

总想和父母、老师对着干

——沟通、换位与总结

妈妈第三次喊"赶紧写作业"时，我故意把门摔出巨响，连窗台上的小花都跟着颤了颤。

我的情绪就像被充满气的气球，马上就要爆炸。

我赌气地掏出手机，把短视频音量调到最大——既然她说"再不努力人生就完了"，那我就索性破罐破摔吧！

我们知道作业该按时完成，知道不该经常看手机，知道父母为我们好——可当他们的声音一遍又一遍在耳边响起时，我们的身体里就像被打开了逆反开关。他们越是用"为你好"捆住我们，我们越要撕开个口子。

"现在立刻去学习！"——那我偏要慢吞吞地再喝三口水。

"别整天打游戏！"——那我非要把这关打过。

哎呀！我们到底是怎么了呢？难道我们真的有逆反心理吗？

让我们一起来看看下面这些行为：

收到正面信息时，会不自觉地逆向思考其背后的含义；

在学校里，并不是很在意规章制度，甚至对老师的引导有抵触情绪；

在家里，面对父母的谆谆教诲，内心不由自主地想要反抗。

如果我们曾经有过这些行为，就说明我们存在逆反心理。

逆反心理是我们在心理蜕变的关键阶段，为了捍卫个人尊严，对那些强加给自己的要求做出拒绝的反应。我们迫切地想要摆脱"孩子"的标签，试图证明自己已经成熟且独立。

我们喜欢用批判性的眼光审视周围的一切，来彰显自己的与众不同。我们还会通过言语上的反驳，或者行为上的特立独行，来获得与"外界"平等对话的权利。

如果放任逆反心理发展，将对我们的成长造成显著的负面影响。我们可以从以下几个方面进行调整。

转换语言

当父母的催促像针一样刺过来时，别急着炸毛。先深呼吸5秒，在心里把他们的要求用自己的话重复一遍，比如把"马上写作业"转换成"现在需要完成学习任务"，把"你看看别人家孩子！"转换成"向榜样学习"，把"别玩手机了！"转换成"使用手机要注意时间，保护好自己的眼睛"。

有没有发现神奇的转变？我们的对抗情绪，不知不觉地减弱了。

建立"沟通笔记本"

准备一个笔记本，在左侧记录父母的要求，比如"周六上午必须参加数学补习班"，右侧用不同颜色的笔写下自己的真实需求，比如"我希望在周六上午做错题整理，下午再集中补习薄弱知识点"。每周日晚上选择1～2条，用下面的模板与父母沟通：

陈述事实——"我发现补习班上老师讲的内容，有60%是在重复学校讲过的知识点。"同时出示课堂笔记来证明。

表达自己的感受——"连续听课4小时容易走神，反而浪费了查漏补缺的时间。"

提出方案——"我能不能先自主复习两周？这是我的复习计划，如果下次月考，我的数学成绩不理想，我就听您的，去参加补习班。"

在与父母沟通时，我们要保持情绪稳定，坦诚分享自己的想法与计划，来寻求他们的理解与支持。

自我提问

在青春期，我们应当主动察觉情绪与行为中的不合理成分。下面这份自我提问清单，能帮我们挖出叛逆背后的"情绪地雷"：

揪出导火索——

"让我瞬间炸毛的，是他们说话的内容，还是那种'被控制'的感觉？"

如果是语气问题，可以礼貌请求对方换一种表达方式。

拆解真诉求——

"我抗拒的到底是'晚上交手机'这件事，还是讨厌'不被信任'的委屈？"

如果是后者，可以用按时作息来换取信任。

校准行为——

"我此刻的对抗，是在维护正当权益，还是纯粹在发泄情绪？"

把摔手机的冲动，变成"我们聊聊手机使用规则"。

就像侦探破案，每个叛逆行为背后都有隐藏的"情绪密码"。破解它，我们就能把无意义的对抗变成有效沟通，让父母明白我们的真实需求。

那些让我们想挣脱的管束，其实是世界上唯一不需要我们完美就无条件爱我们的人，在用他们认为最安全的方式为我们护航。

把否定变成动力

当老师说"这科你不行"时，别急着赌气放弃，我们偏要做出漂亮笔记，取得优异的成绩；当父母唠叨我们"整天懒懒散散"时，定个闹钟，连续一周晨跑，用汗水代替争辩。

不吵不闹，用行动改写他们的认知，把负面的否定，变成进步的动力。

设置缓冲地带

当我们的情绪即将失控时，应学会避免直接冲突，采取策略延迟愤怒反应。

例如，我们可以先在心中默数 15 秒，待情绪稍缓后再以适当的方式表达，并逐步延长这种冷静期。

岁月流逝，我们的身高超越了父母，与此同时，我们的认知也在提升，对于父母的教诲，总会不自觉地产生逆反情绪，我们需要与父母共同努力，平衡爱与成长。

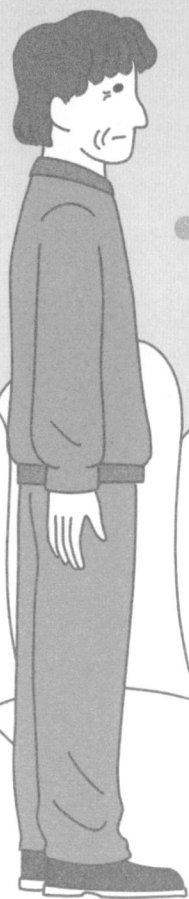

或者和父母约定：

"当我忍不住想要顶嘴时，会说'给我 10 分钟，我需要冷静一下'。"

"你们批评我时，能不能先问'你最近遇到什么困难了吗'？"

逆反心理像弹簧——我们越用力对抗外界，越会被自己的反弹力所伤。但是，这也标志着我们的独立意识越来越强烈，是我们界定自我、塑造个性的宝贵时机。

通过不断改进思考方式和行为习惯，我们会慢慢变得成熟，获得父母与老师的信任。

试着明天对妈妈的催促回一句："给我 20 分钟自己安排可以吗？"相信我们会看到她不一样的反应。

安全健康篇

　　正值青春年华的我们，正经历着奇妙的蜕变，身体如同春日里悄然绽放的花朵，心灵深处也涌动着波澜壮阔的旋律。来吧，让我们携手共赴这场成长盛宴，塑造出更强健的身躯、更优秀的自己。

面对青春期的变化

——要有正确且理性的认知态度

我最近变得多愁善感，总是盯着窗外发呆，看着梧桐叶打着旋落下时，我会突然鼻子发酸；听到令人感动的音乐，我的心脏就像被看不见的手攥了一下；还会因为同桌一句无心的话难过一整晚……

我以前不是这样的，我这是怎么了？

现在的我们，就像站在一条忽明忽暗的隧道里。

有时候阳光会突然漏进来，让我们觉得整个世界都在为自己欢呼；有时候阴影又会悄无声息地笼罩，让我们怀疑自己是不是走错了方向。

其实，这再正常不过了。

青春期的心事，就像未经打磨的水晶，粗糙、尖锐，却也藏着不可思议的光。

那些突然涌上心头的孤独、莫名其妙的烦躁、对未来的迷茫，甚至是对着一片落叶发呆的瞬间，都不是我们"太敏感"或"想太多"——而是我们正在用自己独特的方式，一点点认识这个世界，也认识自己。

请相信，这些感受不会永远困住我们。它们只是我们成长路上暂时的一小段，而我们终将带着这些经历，走向更辽阔的地方。

> 我们觉得自己"奇怪"的特质，很可能正是我们未来最闪亮的地方。

我们不必急着变强大。因为多愁善感不是缺点，而是我们需要被倾听、被理解。如果今天很难过，那就难过一会儿；如果不想说话，沉默也没关系。

　　除了心理上的变化，此时我们的身体也在经历着一场奇妙的蜕变。

身高、体重、胸围等形态方面的变化。

神经系统、肌肉力量等机能方面的增强。

速度、耐力、灵敏度等身体素质方面的提升。

身体激素的增加，带来性器官的发育、性功能的迅速发展，从不具有生育能力逐步走向性成熟。

　　这些变化在性别间存在微妙的差异。一般来说，女生会比男生先步入青春期，大约在 9～14 岁之间，而男生则要稍晚两年。

无论男生还是女生，在青春期的旅途中，都会经历许多相似的变化，如身体的拔节生长、体重的稳步增长、汗腺的日益发达等。

这些变化是每个人在成长道路上必经的阶段，它们或早或晚，或快或慢地到来，正是这些差异构成了生命的多彩与独特，这一切，都是自然赋予我们的正常成长轨迹。

成 长 的 轨 迹

青春期，不仅是儿童迈向成年的桥梁，更是身心急剧变化的时期。让我们一起来面对吧！

加强营养

我们现在正处于长身体的关键时期，每天都要注意营养搭配：蛋白质就像身体的砖瓦，我们要多吃些瘦肉、鸡蛋和豆制品；碳水化合物是能量的来源，米饭、面食不能少；还要特别注意补充维生素和矿物质，新鲜的蔬菜、水果里面藏着让我们气血充沛的秘密。

当我们挑食、偏食的时候，就想一想：现在我们吃进去的每一口营养，都在悄悄塑造着未来那个挺拔健美的自己。

保持良好的生活习惯

青春期保持良好习惯的关键是建立规律的生活节奏：每天保证 7 ~ 9 小时高质量睡眠，让生长激素充分分泌。把手机调成夜间模式，睡前 1 小时远离电子设备，用阅读或轻音乐代替刷视频。选择喜欢的运动项目，打球、跑步或者跳舞都可以，每周坚持 3 次。

写作业时别忘了照顾我们正在悄悄生长的脊椎。每埋头 45 分钟就要停下，站起来像小猫伸懒腰一样舒展身体——把手臂举过头顶伸向天花板，左右扭扭僵硬的腰，转转酸痛的脖子，让蜷缩的骨骼重新舒展。

最重要的是，把"照顾自己"变成习惯。比如用好看的保温杯提醒自己多喝水，用运动手环监测睡眠质量，这些小仪式会让自律变得更有趣。

生理卫生

青春期是一个至关重要的阶段，我们的生殖器官逐渐迈向成熟与完善。在这一时期，生殖系统就像初生的嫩芽需要呵护。

洗澡、换洗衣物这些小事上，我们都不能马虎。更重要的是，我们要主动了解身体变化的科学知识，比如月经、遗精这些正常的生理现象，不用害羞或害怕。掌握正确的健康知识，就像拥有了保护自己的盾牌，能让我们远离不必要的困扰。

关注生理卫生并不是一件难为情的事，而是对自己负责的表现，也是成长路上必须学会的重要一课！

心理调适

当我们遇到困惑时，别害羞也别慌张，这是每个人在这个阶段都会遇到的事。

老师是智慧的"百科全书"，父母是最温暖的避风港，医生是专业的健康向导，他们都会用最正确的方式为我们解答。

要特别当心的是，网络世界看似美丽却暗藏危险——有些不良信息会伪装成"有趣的知识"或"刺激的内容"，很容易让好奇心强的我们误入其中。所以遇到疑问时，一定要从正规渠道获取信息。

最后，我们来分享一个小秘密：大人们也会怀念青春期呢！

不是因为它轻松，而是因为那时候的快乐和痛苦都那么真实，像夏天的暴雨一样酣畅淋漓。所以，别害怕现在的跌跌撞撞，因为我们正在经历的，是生命最生动的模样啊！

面对不良诱惑

——要坚决拒绝和抵制

　　网络游戏对我有着强烈的吸引力，我沉浸其中，尽情享受冒险和探索的乐趣。

　　上课时，我的思绪像是被一根无形的线牵引着，总是不由自主地飘向那充满诱惑的虚拟世界。放学回家后，我总会第一时间打开游戏，周末更是游戏不离手。

　　因为玩网络游戏，我没少挨妈妈骂，可是我好像控制不住自己似的……

游戏里的即时奖励和成就感确实让人上头，我们一开始玩，只是放松娱乐，可是不知不觉就陷进去了。等回过神来才发现：作业堆成了山，上课总打哈欠，连和朋友聊天都觉得没意思……

虚拟世界的成就感来得太容易，我们在现实生活中越来越提不起劲。

有时，我们明明知道该停下来，手指却不受控制地一次次点击"再来一局"。

这时候，我们一定要提高警惕。因为我们很可能已经掉入"网络游戏、色情、赌博、毒品"等不良诱惑布下的陷阱。

不良诱惑如同潜伏的病毒，时刻威胁着我们的健康成长。为了抵御这些诱惑，我们必须根据自身情况，采取科学的态度，保持清醒的头脑，并运用正确的方法，坚决拒绝并抵制它们的侵扰。

不良诱惑往往具有强烈的成瘾性，一旦大脑对其产生依赖，就难以摆脱。我们要积极参与健康、有益的活动，如运动、阅读、社交等，以转移注意力并让生活丰富起来。

设定人生目标

设定我们的人生目标，可以分三步走：

先探索兴趣，拿出一张纸列出"我擅长什么"（比如数学、绘画）、"做什么最投入"（比如打篮球、写小说）、"未来想接触的领域"（比如人工智能、心理学）。

结合现实和能力确定方向，比如喜欢打游戏，那么就设定自己的目标是"成为游戏设计师"，需要具体到"初三前学会基础编程"。

拆解出阶段性任务，把大目标变成每月可执行的小目标，例如"本月读完一本游戏设计入门书，每天练习写代码 30 分钟"。

同时，记得每完成一个阶段就给自己一个奖励，并根据成长灵活调整目标——15 岁定的梦想，到 18 岁完全可以修改，关键是要先行动起来。

避开诱惑，转移视线

我们应当自觉远离酒吧、网吧、休闲中心等诱惑频发的"是非之地"，将注意力转向更为积极、健康的集体活动。比如参加篮球社团、周末约同学爬山或者参加学校的科创小组。当我们的生活被运动后的畅快、团队合作的成就感填满时，那些低级趣味自然就无法挤进来。

坚持交往原则，恰当地说"不"

良好的友谊就像阳光下的两棵树——各自生长却又相互滋养，绝不会把对方拖进阴暗的泥潭。

当有人怂恿我们逃课、打游戏或者做其他出格的事时，别怕说"不"。我们可以笑着回一句"我可不想被请家长""算了，我没兴趣"，或者直接转移话题："不如我们去打篮球？"如果对方还继续纠缠，那就果断远离。对方要是因此嘲笑我们，恰恰证明他们不值得交往。

请求他人帮助

当我们独自抵制诱惑时，会感到力不从心，此时，我们可以主动"呼叫支援"，借助父母、老师、朋友的支持与监督。

比如，在应该做作业的时候，内心涌起看武侠小说、看电视或玩游戏的冲动，我们可以和同学打开视频互相监督写作业；当刷短视频停不下来时，可以让父母收走手机。这样做不仅能坚定我们拒绝不良诱惑的决心，还能提升我们的意志力。

青春期的我们，每一次选择都在塑造未来的自己。抵制不良诱惑，不是压抑天性，而是对自我的守护。我们学会对短暂的快感说"不"，才能对更广阔的人生说"行"。

愿我们都能在诱惑与自律的博弈中，练就清醒的头脑和强大的内心，让青春的光芒，照亮更远的远方。

我喜欢追星

——保持清醒的头脑和理性的态度

当我听到偶像要开演唱会的消息时，激动得整晚睡不着觉，脑海里全是荧光棒汇成的星海和万人合唱的盛况。

我满怀期待地向父母提出买票的请求，但他们却拒绝了我。

我把门一摔，躲进了房间，心里真的很难受……

当我们终于有机会和自己的偶像近距离接触时，父母却不理解我们。

我们的心里满是委屈："他们根本不懂，这不仅仅是一场演唱会，而是支撑我熬过无数个刷题夜晚的精神支柱啊！"

别难过，这种感受我们都曾有过。

舞台上光芒四射的演艺明星，用才华与热情点亮了我们的梦想。我们疯狂痴迷于他们的一举一动，还不惜花费巨资收集他们的周边商品，或抢购演唱会门票，甚至为此熬夜排队、节衣缩食。

这种对演艺明星的过度崇拜与迷恋的现象，被称为"追星"，这实际上是我们青春期心理需求的一种外在表现。

青春期是性意识觉醒的时期，对异性的好奇与向往日益增长。由于现实条件的限制，我们可能会将这份情感寄托于遥不可及的明星身上，把他们作为假想的恋人，获得情感上的满足。

青春期的我们追求个性与潮流，渴望融入群体之中。当某种明星文化成为流行趋势时，我们会不自觉地跟随潮流，模仿明星的言行，来彰显自己的时尚与个性。

对于一些人而言，收集明星资讯、了解明星动态成了一种社交资本。他们乐于在朋友间分享这些信息，来展示自己的独特见解与广泛知识面。

正值青春年华，我们的身体正经历着成长的变化，性格尚在塑造之中，心理还不成熟。因此，在辨别善恶是非的能力上，我们还显得有些稚嫩，极易受到外界环境的感染。

我们该如何以理智的方式去追星呢？

控制追星支出

在追星消费时，设立明确的财务边界是保护自己的第一道防线。

我们要将追星支出严格控制在可支配零花钱的10%以内——比如每月有500元零用钱，那么购买专辑、周边等商品就不要超过50元。这个比例既能满足情感需求，又不会影响正常生活开支。

在消费前，我们要问自己"这个月有没有超过额度"，还要优先选择具有长期价值的物品，比如实体专辑可以用来收藏，而网络直播打赏类的消费就要慎之又慎，不要上当。

偶像崇拜的真谛

追星的意义，不该停留在对偶像外表的迷恋，而应该是对其优秀品质的追随。

我们在选择偶像时，应当采取谨慎的态度。可以通过深入了解历史，认识那些杰出的中外名人以及众多在科学和艺术领域熠熠生辉的明星，将这些人视为真正的偶像，让他们的精神引领我们前行。

正视偶像的不足

偶像也是凡人，会犯错、有缺点，他们的言行并不是金科玉律。我们欣赏他们的光芒，但不必全盘接受。

真正的追星，是在喜爱中保持独立思考——既能热情地为偶像喝彩，也能理性地看待他们的不足；既能学习他们的优点，也能守住自己的价值观。

追星，本应是青春里一抹绚丽的色彩，而非生活的全部。希望我们都能在追星的过程中，保持清醒的头脑与独立的人格，让这份喜爱成为我们前进的动力。

每个人心中都有一片璀璨的星空。我们要从偶像身上汲取正能量，让那遥远的光芒，照亮自己前行的道路。

异性网友约我见面

——高度警惕性侵害

最近，我在网上认识了一个特别投缘的异性网友。从新闻动态到校园趣事，我们无话不谈，简直像认识了很久的老朋友。

刚刚对方突然发来邀约："周末要不要一起喝奶茶？"

我的手指悬在屏幕上方半天没敢回复。

我到底该不该去呢？

虽然网上聊天气氛很愉快，但我们和对方毕竟素未谋面。直接拒绝怕伤了和气，贸然前往又担心安全问题。

在回答这个问题前，请审视当前的社会环境与我们的自身状况——一个既光明又暗藏挑战的时代，我们处在社会经验的积累阶段，心理防线相对脆弱，抵御外界侵害的能力明显不足，更容易成为不法侵害的目标。

正如自然界中，强壮的捕食者往往优先锁定弱小的猎物。我们在网络与现实交织的复杂环境中，更应该提高警惕。

我们每个人的身体都有私密的区域，如腹部、臀部、大腿内侧以及女性的胸部等。保护这些隐私部位不受他人窥视或触碰（除非在必要情况下，如父母照料或医生检查），是我们的基本权利。

当有人未经允许，不恰当地查看或触摸我们的隐私部位，或强迫我们做出同样行为时，这就构成了性侵害。

调查数据显示，在一年中，8 月份是性侵害案发高峰期；而在一天之中，晚上 7 点至次日早晨 6 点则是案件的高发时段。

我们要时刻保持警觉，用知识和智慧为自己筑起一道坚固的防线。在罪恶面前，我们要做自己的守护者。

性侵害的预防方法

我们应当珍视并尊重自己的身体。性器官作为极其私密的部位，应当妥善遮掩，不应随意在他人面前暴露，更不可允许他人触碰。

保持衣着得体，行为举止文雅。夏天不穿过于紧绷或暴露的衣物，言谈间需保持庄重，不可轻佻、随意，以防激发异性的不当遐想。

不要独自前往偏僻的地方，尤其是在夜间。同时，要和电子游戏机房、台球室、歌舞厅、酒吧、网吧等娱乐场所保持距离，因为这些地方往往是性侵害者频繁活动的区域。

当我们独自行走在街头或其他场所，察觉到有人尾随时，应尽快摆脱。

如果情况不算危急，就不要直接与对方发生冲突。此刻，保持冷静的头脑至关重要，需结合周围环境和自身的实际情况，迅速制定应对方案。

对陌生人应保持警惕。

不要轻易相信陌生人的话；不要吃喝他们提供的食品、饮料，以防被下药；也不要接受他们赠送的金钱、礼物，避免落入陷阱。有陌生人问路时，应保持安全距离，特别是当对方驾车时，更要提高警惕。

独自在家时，务必确保门窗紧闭。对于外来人员，就算是较为熟悉的人，也应谨慎对待，不要轻易让其进屋。

性侵害的加害者并不仅限于陌生人，实际上，许多受害者所遭遇的性侵害正是来自熟悉的人，这些人可能包括邻居、朋友、同学、老师、父母的朋友，甚至是亲戚或家庭成员。

不论加害者的身份如何，也不论其以何种理由进行，性侵害都是一种犯罪行为。

在与异性朋友交往的过程中，双方应明确表达自己的需求和界限，对于不希望发生的行为，应直接且清晰地提出，以确保相互之间的尊重和舒适。

面对那些不合理或违背自己内心意愿的请求时，我们应当勇敢拒绝，坚定地说"不"。

性侵害的应对方法

如果我们不幸遭遇坏人，不要丧失信心，应全力寻找逃脱的方法。掌握一些自我防卫技能，在关键时刻能为自己争取到更多的逃脱机会。

呼救法

伺机大声呼救，求得他人的援助，可"借势化力"，躲过灾难。

周旋法

假装害怕，隐藏自己的真实意图，巧妙与歹徒周旋，使其放松警惕，抓住机会迅速逃脱。

猛击其腹部

如果脖子被歹徒勒住，可以迅速用拳头或肘部猛击其腹部，这样可使其松手，趁势逃脱。

蹬跺法

用鞋的跟部猛蹬歹徒的胫骨前部或用脚后跟猛跺歹徒的脚趾。

扭指法

如果歹徒将自己勒住或抱住，可以迅速抓住其小指，用力向外侧扳。

戳喉法

将五指合拢并伸直，用指尖或掌侧猛戳歹徒喉咙。

牙咬法

如果被歹徒控制住，在不得已的情况下，可用牙咬歹徒的鼻子、耳朵或手指等。

击眼法

当面临威胁时，可以迅速将食指和中指分开呈"V"状，用力向歹徒的眼睛戳去。

头撞法

在接近歹徒的紧急情况下，可以将头部作为武器，猛击其胸、腹或鼻子等部位；特别是可以从下往上猛然顶撞其下巴，使其失去重心，为自己争取逃脱的机会。

要切记，在采取这些反击行动时，我们很可能只有一次机会，所以必须找准机会、果断出击，并全力以赴，不仅要动用全身的力量，还要借助整个身体的重量来增加冲击力度。

我们其实比想象中更强大！遭遇突如其来的侵害，我们绝非任人宰割的羔羊。勇敢抵抗是对自身安全的捍卫，也是对不法之徒的有力回击。

毫不犹豫地为自己而战吧！

遭受校园暴力
——不要逆来顺受

自从我上周拒绝帮高年级"大哥"写作业后,我的储物柜就被写满了侮辱性的字,课本总是"意外"掉进教室的污水桶。

今天放学时,那伙人又把我堵在校门口的小巷里,抢过我新买的球鞋在地上摩擦。

"学霸不是能耐吗?去告诉老师啊!"他们叫嚣着。

我心里很害怕,不知道怎么办才好。

这些校园霸凌者的行径实在令人愤慨！

他们总是选择看似软弱无助的人作为目标。当我们面对"校园恶霸"的挑衅时，显然不能成为任人欺凌的"软柿子"。我们要清醒地认识到，这绝不是简单的"同学矛盾"，而是必须严肃对待的校园暴力。

什么是校园暴力？

校园暴力是指在校园内部或周边地区，由同学之间或校外人员对学生进行的造成身体或精神伤害的欺凌和侵害行为。

具体来说：索取钱物并威胁与利诱，若不满足则软硬兼施；仗势欺人，以多欺少；因琐事大动干戈，不仅伤害他人身体，还践踏他人尊严；基于所谓的"义气"，以暴力解决争端；长期受辱后的爆发，以暴力回应暴力，进行冲动报复；针对女同学的侮辱行为；包括侮辱、恐吓与殴打在内的多种恶劣手段；部分欺凌者利用网络平台进行恐吓与欺凌……这些全都是校园暴力。

进一步细分，校园暴力又可分为硬暴力和软暴力。

硬暴力显而易见，比如拳脚相加、持械相向等造成直接的身体伤害；软暴力则较为隐蔽，比如随意给他人起侮辱性绰号、通过推选"最差生"等方式进行精神打压。软暴力对心灵的摧残往往比硬暴力更为深重，同样能够造成不可挽回的伤害，甚至致命。

校园暴力是违法犯罪行为

即使是 18 岁以下的未成年人实施校园暴力行为，也要承担相应的民事侵权责任、行政责任，甚至是刑事责任。

民事侵权责任

当校园暴力行为导致受害人身体受伤时，加害者须向受害方赔偿包括医疗费用、护理费用、交通费用、残疾赔偿金以及精神损害抚慰金等在内的各项损失。

如果加害者不满 16 周岁，其民事侵权责任将由监护人代为承担。

加害者超过 16 周岁、不满 18 周岁，若具备经济能力，则自行承担赔偿责任；若不具备经济能力，则由监护人承担相应责任。

医疗费

护理费

残疾赔偿金

交通费

常见民事赔偿

营养费

其他费用

精神损害抚慰金

行政责任

如果校园暴力行为构成对公共场所秩序的扰乱，行为人需依法承担相应的行政责任。

依据《中华人民共和国治安管理处罚法》中的相关条款，对于扰乱公共场所秩序的行为，处罚措施如下：

对于参与者，一般会处以警告或 200 元以下罚款；若情节较为严重，则可能面临 5—10 日拘留，可并处 500 元以下罚款。此外，对于年龄在 14 周岁以上但未满 18 周岁的违法者，将依法从轻或减轻处罚；而对于未满 14

周岁的违法者，则不予以处罚，但会责令监护人加强管教。

刑事责任

　　针对校园暴力行为，如果情节恶劣、后果严重，应依法按照"故意伤害罪"的标准进行定罪与量刑。同时，如果存在聚众斗殴的情形，还会构成聚众斗殴罪，需承担相应的法律责任。

正确应对校园暴力

　　如果我们不幸遭遇校园暴力，无论是已受害、正面临威胁或潜在受害，都应该在老师、警方及家长的协同支持下，与施暴者展开智慧与勇气的较量，而不是被动承受或采取暴力回应。

　　与校园暴力抗争，策略至关重要。我们要学会根据具体情况灵活应对，避免无谓的正面冲突，以减少受伤风险。

　　当独自面对施暴者的威胁时，"智取"比"硬扛"更重要。

当校园暴力发生时，我们不要畏惧，不要退缩，要勇敢地拿起"武器"保卫自己！

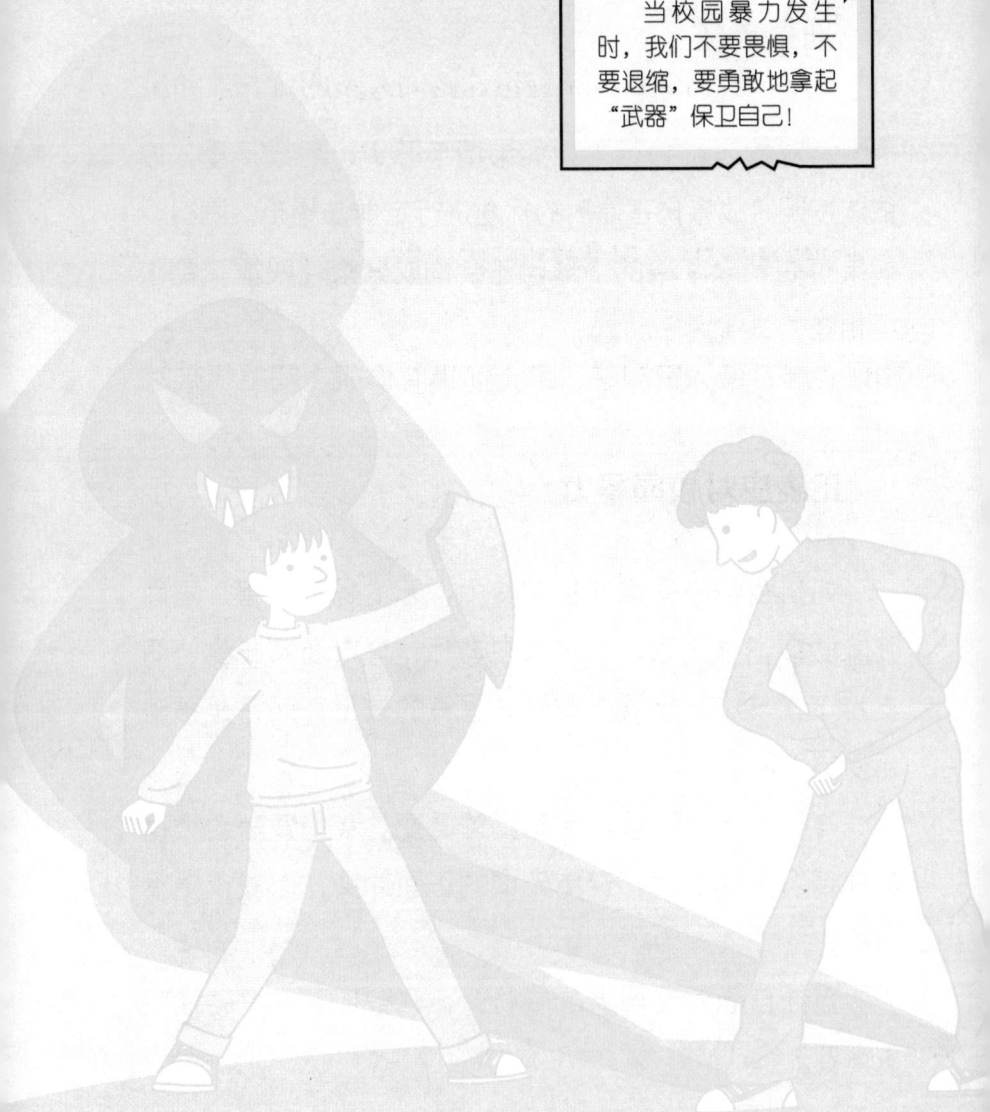

我们可以暂时妥协，把财物交给对方，作为缓兵之计。但在这个过程中，我们要观察并记住对方的身高、口音、衣服颜色、鞋子样式，甚至是身上特殊的疤痕或文身等，这些细节都会成为事后报警的关键线索。

接着，我们要趁其不备迅速跑向人多的地方。如果被对方控制住，可以把书包、财物扔向远处，制造逃跑机会。

被欺凌后24小时内是取证黄金期，所以在脱险后，我们要立即行动，仔细收集证据：将破损的衣物、财物拍照存档，装入密封袋；身上如果有伤痕，需拍摄带时间水印的照片；如果收到对方的威胁短信，要截图保存；如果伤情严重的，要去医院做检查，取得验伤报告并妥善保管。

报警时，我们要带着这些"法律武器"去派出所，利用法律手段维护自身权益，不让施暴者逍遥法外。

面对暴力，沉默不是金，勇敢发声才是真正的力量。当我们学会用智慧保护自己，用法律捍卫尊严，暴力的阴影终将被正义驱散。

亲爱的男孩女孩们：

青春只有一次，愿你能尽情享受它的热烈，也能坦然面对它的迷茫。跑累了就躺下看云，养足力气再起身追风。我会一直在这里，等你来信分享。

我的地址是：北京市东城区青年湖南街13号　化学工业出版社青少科普项目组

安之姐姐（收）

邮编：100011